底辺駐在員がアメリカで学んだ

ギリギリ消耗しない生き方

在米10年目の
アラフォー駐在員
US生活&旅行

KADOKAWA

はじめに

この本をお手に取っていただき、ありがとうございます。

私は動画投稿サイトYouTubeの「US生活&旅行」というチャンネルで、米国ネバダ州での生活や旅の様子を撮影して投稿している者でございます。

YouTubeでは名前を伏せて活動させていただいておりますので、この書籍におきましても名乗らぬ無礼をお許しください。


名乗らぬ代わりに、これまで公にしてこなかった私の本職を明かしますと、米国の小さな旅行会社に勤務する、しがないサラリーマンでございます。

私のことをすでにご存知の方は、「お金をかけずにマイレージを使ってファーストクラスに搭乗し、旅を楽しんでいる駐在員」と認識されている方がほとんどではないかと思います。

YouTubeをご覧になった方からは、「エリート駐在員なんですね」「米国で会社経営をされているのですか?」「駐在生活に憧れます」などのコメントを頂戴いたしますが、残念ながら「駐在員」であること以外はすべて外れております。

日本では「海外に住む駐在員=優秀な人物」的な考えをしがちでございますが、私の場合は高学歴ではなく、最近の言葉でいう「Fラン大学」卒であり、米国では低賃金で知られる旅行業界に身を置き、会社から独立する勇気や経営する能力も持ち合わせていない「底辺の駐在員」でございます。

現在、私は37歳、在米10年目。フロリダ州、ネバダ州、カリフォルニア州、ニューヨーク州を転々として気づけば社会人経験は日本より米国で過ごした時間のほうが長くなりました。

40代が見えてくるようになり、過去を振り返ってみますと、渡米当初あまりに英語ができな過ぎて困ったこと、未経験の旅行業界に入って大変だったこと、コロナ禍で旅行会社を一旦クビになったこと、渡米してきたときは白髪はなかったことなど、いろいろな思いが巡ります。

本書ではアラフォー独身オトコの異国での暮らし、仕事、旅行、お金について実体験に基づいたお話を織り交ぜながら書かせていただければと思います。

コロナ禍がようやく明け、久々に海外旅行を考えている方、将来海外移住や国外での就労を考えている方への一例、参考になりましたら幸甚でございます。

底辺駐在員がアメリカで学んだ ギリギリ消耗しない生き方　目次

第2章　ゼロスキルでもアメリカ移住、キラキラのないNY生活

第3章　コロナ禍でクビに！　結局なんとかなった

Column

＊掲載内容は本書執筆時2023年10月現在の情報であり、社会情勢の変化に伴って市場の動向は異なる場合があります。

＊掲載内容は著者個人の見解であり、必ずしも所属する組織や企業の意見を代表するものではありません。また一部は推定も含まれており、必ずしも事実を証明するものではありません。

装丁　名久井直子
装画　芦野公平
写真　US生活&旅行
DTP　ユニオンワークス
校閲　麦秋アートセンター
編集　丸山佳子
佐々木健太朗［KADOKAWA］

第1章
どん底ニート、実家で病を患う

やりたいことが見つからず新卒入社した会社を2年で退職した話

この本を手に取っていただいた方は、私がYouTubeで紹介しているお得な旅行術を知りたいだけで、私の過去などには興味がないかもしれません。

でも、もしかすると、これから海外移住を考えている方や、将来は海外で仕事をしたいと考えている方には参考になることがあるかもしれませんので、最初に私の過去について簡単にお話しさせていただきます。

私は20代の約5年間、**フリーター**[★1]でした。むしろ、**ニート**[★2]に片足を突っ込んでいた状態だったと言ってもいいかもしれません。

大学卒業後は一般企業に新卒で入社し、営業職として働いておりましたが、なぜその会社を選んだのか、なぜその職業を選んだのか、今思い返してもよくわかりません。

★1　フリーター
フリー・アルバイターの略称。内閣府の定義では、学生と主婦を除く非正規雇用で働いている人を指すと定義している。

★2　ニート
厚生労働省の定義では、15〜39歳までの若年無業者を示す。（No in Education, Employment, or Training＝学校に通わず、働きもせず、職業訓練も受けていない）の頭文字をとってNEET。もともとは、イギリスの労働政策において使われるようになった言葉。

中学高校時代から、「やりたいことは？　なりたい職業は？」と聞かれても何も思いつかず、いつも「やりたいことはありません」と答えて、先生に呆《あき》れられていた記憶がございますが、それは大学に入っても変わりませんでした。

やりたいことはないが、周りが就職活動をしているので、自分も何となく就職活動をして、何となく社会人になった、というのが正直なところです。

自分の性格や適性も考えずに何となく入社した会社でしたが、営業職ですから、新卒であっても新規顧客開拓の成績が求められます。

しかし、人と話すことが苦手な私は営業に向いておらず、当然のことながら成績はまったく上がりませんでした。

朝起きて、会社へ行って、外回りに行って、ちょくちょく公園でサボりつつ、適当に仕事をして、会社に戻って上司に怒られる毎日。

やがて怒られることにも慣れ、奮起する、努力するということもなくなり、成績が上がらなくても最小限食べていける給料さえ貰えればＯＫと考える、やる気ゼロのダメ社員になっていきました。

何となく社会人になったものの毎日が面白くもなく、向上心の欠片《かけら》もない人間へと流されていた頃、仕事を離れたところでも生活が荒《すさ》んでおりました。

その当時は東京で一人暮らし。朝食は食べず、昼頃にファストフードを炭酸飲料片手にドカ食いし、夜も油っぽい食事だろうがお構いなしに食べるという毎日でした。加えて、休日はお昼過ぎまで寝ているという体《てい》たらく。趣味がないので、外出もせず家でゴロゴロしているだけで、運動もせず、部屋の掃除や洗濯もまともにせず、不健康極まりない生活をしておりました。

今、その当時の自分を思うと虫唾《むしず》が走ると言いますか、もしも、その当時の自分に会えるなら、ぶん殴ってやりたいくらいです。

そんな暮らしを続けて2年になろうかという頃、体がだるくて会社へ行くのが徐々に億劫《おっくう》になり、休日も布団から起き上がるのが辛《つら》くなってきました。

子どもの頃から大きな病気をしたことがなく概《おおむ》ね健康だった私は、「体がだるいのは自分がぐうたらになったせいだ」と思い込んでおりました。

仕事がつまらなくてぐうたら生活に陥っても、収入がなくなるのは困るので、仕事を辞めることは考えていませんでした。ところが、体は日に日に辛くなる一方です。

そんなときにぼんやりと頭に浮かんだのは、就職活動を始めた頃からよく耳にした「3年は同じ会社にいたほうがいい。仕事が続かず、早く辞めると、経歴に傷が付き次の仕事が見つけにくくなる」という言葉でした。

大した学歴も職歴もなく、経歴に傷が付くも何もないのですが、「仕事を続けるか、辞めて一旦ラクになるか」と一応悩み、3年続けるのは無理そうなので、区切りのいいところまで頑張ろうと決め、新卒入社した会社を2年間勤務して辞めました。

趣味もなく、休日も何もしないつまらない人間だったおかげで貯金が数百万円あり、次の仕事が見つかるまで「何とかなるだろう」と軽く考えておりましたが、実際は、そう甘くはありませんでした。

フリーターとも、ニートとも言えるような生活が続き、次に正社員の職につくまで紆余曲折あり、6年もかかってしまったのでございます。

不健康な生活で病気を引き寄せてしまった話

仕事を辞めてからは、家賃を節約するために一旦実家に身を置きました。親のお金で大学に行き、社会に出た20代半ばの野郎が、「体が辛いから仕事を辞めた」と言って実家に戻ってくるなど、世間一般ではあり得ないことだと思いますので、両親はよく許してくれたものです。

仕事のストレスから解放されれば体調も戻るだろうから、就職活動も体調が戻ってから始めようと考えておりましたが、当時の私はホントにダメ人間でございましたので、一旦仕事のストレスのない生活に慣れ、甘い汁を味わってしまいますと、なかなか普通の生活には戻れません。

子どもが風邪をひいて学校を休むと、やがて行くのが億劫になり休み癖がついてしまうのと同じで、絵に描いたようなぐうたら生活から抜けられなくなっていきました。

両親が仕事に行って誰もいなくなった昼頃に起き出し、テレビを観ながら好きなものを食べたいだけ食べる。しかも、1日5食。本能のままに過ごす生活は、飛ぶような速さで一日が終わっていきます。

また、そうした自堕落《じだらく》な生活をしておりますと不思議と何もかもやる気が失せていくもので、再就職活動はもちろん、外出するのも、風呂に入るのも、果ては着替えるのや体を起こすのさえ面倒になってしまうものなのです。

家の中で動かなくなると、少しでも動くと疲れるようになり、ますます不健康になるという悪循環で、再就職からはどんどん遠のいていきました。


あのままの状態が続いていたら、テレビ番組の「**8050問題**[★3]」として取り上げられても、まったくおかしくなかったと思います。

自分でボーダーラインを経験したから痛感いたしますが、社会とつながっていられるか、引きこもってしまうかの境目は、本当に紙一重。

こうして仕事ができるようになったのは、ある出来事が起き、自分の人生を反省し

★3　8050（はちまるごーまる）問題
80代の親が、引きこもっている50代の子どもの生活を支える家庭が増えてきたことで、高齢の親の死後、残された子どもをどう支えるかが深刻化している社会問題。2010年以降日本で発生し、このまま放置すれば「9060問題」になると考えられている。

たからでございます。

その出来事は、何の予兆もなく、やってきました。

朝起きようとすると、首から下が麻痺していて、体がまったく動かないのです。

ある朝目覚めると、自分が巨大な虫になっていたという**フランツ・カフカ**★4の小説『**変身**★5』ではありませんが、自分に何が起きているのかわからないのは、恐怖でしかありません。


当初、両親はすぐに良くなるだろうと考え、あまり心配していなかったようです。

ところが1日以上一人でお手洗いにも行けず、まったく動かない私を見て、「流石《さすが》にこれはただごとではない」と感じたようで、体が動かなくなって24時間以上経ってから病院に連れていかれた次第でございます。

父親に背負われて病院に向かい、検査、即入院となりました。

20代半ばの男が親に背負ってもらうのは、とてつもなく恥ずかしく、悲しく、情けなく、そのときの気持ちは今も忘れることができません。

病院での検査結果は、**甲状腺機能亢進症《こうしんしょう》**★6の一つ、いわゆる**バセドウ病**★7です。

★4　**フランツ・カフカ**
1883−1924年、プラハ（現在のチェコ）で生まれたユダヤ人作家。『変身』『審判』『城』など、人間存在の不条理を主題とした文学を残し、現代実存主義文学の先駆者とされている。

★5　**『変身』**
家族の借金を返すために働いてきたグレゴール・ザムザは、ある朝、巨大な虫に変身し、家族から驚かれ、傷つけられ、自室に引きこもって暮らすようになる。ザムザが変身した「虫」は、巨大な虫、害虫などと訳されているが、ドイツ語の原文では有害生物全般を表す単語が使われている。

★6　**甲状腺機能亢進症**
甲状腺が活発に活動し、血中に甲状腺ホルモンが多く

入院時の体重は、わずか53㎏。身長175㎝の私の適性体重をＢＭＩ★8（Body Mass Index）計算式を使って求めますと67・38㎏となりますから、53㎏はかなりの低体重状態でございます。

その頃の私は1日5食の超大食い生活をしていたこともあり、自分が痩《や》せているとか、ましてや病気を患っているとは思ってもおりませんでした。

しかし、安静状態で血圧は上が２００超、脈拍は1分間に１２０超の頻脈ですから、常にジョギングしているような状態が続き、体重が知らず知らずのうちに落ちていたのです。

別の言い方をしますと、カロリー消費量が異常で、代謝がめちゃくちゃ良い状態になっていた、ということです。ダイエットされている方からは羨ましいと思われるかもしれませんが、なんでも行き過ぎると危険なものでございます。

ちなみに、朝起きたときの体の麻痺も、この病気の特徴でございます。麻痺はすぐに良くなり退院できましたが、安静時＝ジョギング状態、徒歩＝全力疾走くらいに感じる体力の消耗は、通院しながら治療していくこととなりました。

分泌される病気で、疲れやすい、暑がり、体重減少、手指の震え、頻脈、発汗増加、筋力の低下、動悸、ふるえ、不眠などの症状が現れる。

★7　バセドウ病
甲状腺機能亢進症の代表的な病気の一つ。代表的な症状としては、甲状腺の腫大、頻脈、眼球突出の3つが挙げられる。

★8　ＢＭＩ
ボディマス指数＝肥満指数。ＢＭＩ＝体重（㎏）÷｛身長（m）×身長（m）｝。適正体重は、統計上もっとも病気になりにくいＢＭＩ22で求められる。

20代半ばで病気になり季節労働者となって4年間働いた話

この本を読んでくださっている方の中にも、もしかすると甲状腺機能亢進症に悩まされていたり、過去にこの病気を経験された方がいらっしゃるかもしれません。

そうした方々には「あるある話」として理解いただけると思いますが、この病気、甲状腺ホルモンが過剰に分泌されることで全身の新陳代謝が高まるので、異常な暑がりになります。

私の場合、一般の人と比べると、体感温度が10℃以上は違っていたのではないかと思います。

人間にとって心地よく過ごせる気温25℃は、私にとって35℃以上の酷暑に感じ、夏場の最高気温35℃超の猛暑日は45℃以上に感じる異常事態で、真夏は外に出るとすぐに気分が悪くなり、動けなくなってしまうような状態でした。

毎年5月のゴールデンウィークが明け、一般の人には心地よく感じられる初夏の風が吹いて気温が上がってくると、私は体調が悪くなり始め、6月から9月いっぱいまでは暑さに体がやられて動くこともできず、家で引きこもり。24時間エアコンを効かせ、キンキンに冷やした屋内におりまして、体力を消耗しないようにわずかに動くだけなので、まるで動物園のペンギンやシロクマのようでございます。

10月頃の気温低下とともに、今度は体調が上向きになっていき、冬でも半袖生活が快適で、お正月前後は超元気。そして春に向かうにつれ、再び体調が下降していくといった具合でございました。

そんな具合ですから、転職活動をして何かしら職を得られたとしても、通年正社員として働くのは不可能です。

そこで病気の治療をしながら、秋から春だけ大学時代からアルバイトをしていた長野県の白馬にあるスキー宿などで仕事をして夏は休む、といった季節労働者生活を4年ほど続けることになったのです。

季節労働者生活を始めた25歳前後はまだまだ若いと思っていましたので、自分の将来について深く考えておりませんでした。

というか、体調が悪くて考える余裕がなかったというのが、本当のところでございます。自分の置かれている状況がかなりヤバイと気づき始めたのは、通院の甲斐もあり持病が癒えてきた28歳頃でした。

お断りしておきますと、世の中の季節労働者全員がヤバイとか、良くないと申し上げているわけではなく、あくまでも私の場合に限った話でございます。


ヤバイ！と痛感した最大の理由は、季節労働で得られる年収が、わずかに150万円程度だということでした。


通常、30歳前の社会人であれば、貯蓄ができて家庭をもったりする時期ですが、私の場合は**日本人の平均年収**[★9]とされる400万円程度をはるかに下回っているのです。状況を変えるには何かアクションを起こす必要がありますが、私の経歴はわずか2年の会社員経験だけ。履歴書に書ける目立った資格もございません。

とりあえず、中途就職して社会経験を積む、勉強をして何かしら資格を取得する、わずかな年収を元手に投資をする……。いろいろと考えた結果、行き着いた答えが

★9　日本人の平均年収
国税庁の「令和3年分民間給与実態統計調査」によると、給与所得者の1年間の平均給与は、443万円。ただしこれは、額面金額。住民税、所得税、社会保険料などが差し引かれた場合、手取り年収は約350万円程度。

「現状から抜け出すために英語を習得する」でございました。

英語を習得するだけであれば、日本で勉強することもできるはずです。しかし、自分の甘い性格に鑑《かんが》みますと、強制的に英語を利用せざるを得ない環境に身を置くべきと考えまして、語学留学をすることにいたしました。

その当時、私の妹が米国の大学院に留学しておりまして、私はまともな稼ぎがないくせして、２度ほど妹の顔を見に米国へ小旅行したことがございます。そのときに、まったく根拠はないのですが、「自分も海外で暮らしていけそうだ」と思ったことが、留学を決意するきっかけになったように思います。

卒業した大学は国際関係学部。英語がまったくできないのに何となく選んだ学部でしたが、今思えば、潜在的に外国暮らしに憧れがあったのかもしれません。

とはいえ、28歳のフリーターが語学留学です。どう考えても10年遅い気がいたしますが、当時の私には、それくらいしか「やったほうが良さそうなこと」が思いつかなかったのでございます。

ギリギリ20代のフリーターが駆け込みでフロリダへ語学留学をした話

私のYouTubeチャンネルには、しばしば「自分の息子が（または娘が）これから留学をするので参考にします〜」的なコメントが寄せられます。

この本を手にしてくださった方の中にも、留学を考えている方、「一度は留学してみたかった」という方がいらっしゃるかもしれません。

私の留学体験は決して見本になるようなケースではございませんが、英語がまったくできない28歳のフリーターでも何とかなりましたので、「年齢的にもう留学は遅い」と考える必要はないのかなと思います。

実際、私が留学した語学学校では10〜50代の幅広い年齢層の人たちが学んでいました。日本語がまったく通じない世界に一定期間身を置けば、何かしら得るものはある、というのが私の実感でございます。

英語圏の国は数多くありますが、当時は今ほど円安ではなく、英国より米国のほうが物価が安そうだったことと、過去に行ったことがあるという理由から、私は留学先を米国に決めました。

そして、米国の中でも日本人が少なく、都会ではなく、生活コストと授業料が安めで、病気が癒えて人並みに暖かいことが心地よく感じるようになっていたことから、温暖なフロリダ州セントピーターズバーグという街を選びました。

留学費用は２０１５年当時の貯金をすべて注ぎ込み、約３５０万円。語学学校、ホームステイ先、保険、航空券を手配し、１か月の生活コストを約２０００ドル（約20万円）と見積もって、半年だけ留学するつもりで準備をいたしました。

当時の航空券は、エコノミークラス往復で10万円。往路出発日から1年以内であれば復路の出発日を変更できるタイプのチケットです。

２０２３年現在では、航空券の高騰により日本から米国東海岸を10万円以内で往復するのはほぼ不可能でしょうし、留学コストも、授業料込みで１か月２０００ドルに抑えるのは難しいかもしれません。

ちなみに私は**留学エージェント**★10を使わずに自分で手配をしたのですが、エージェントは、顧客（留学生）をまとめて送客することで受け入れ先（現地語学学校）から授業料が割安になる特約レートを貰っていたりしますので、手数料を支払っても、エージェントを利用したほうがお得なことがあるようです。

自力手配とエージェント利用、どちらがお得か、比較検討だけはしてみるべきだったと、少しだけ後悔いたしました。

私の英語は、37歳になった現在でも大概ひどいものですが、28歳で渡米した当初は、本当に英語が口から出てこない状態でした。

ホームステイ先に到着してホストと顔を合わせ、「Hello」と言ってからは愛想笑いと苦笑いに終始し、「Yes」と「No」、または名詞のみで質問に答えるのが精一杯。話す以前に、会話が速過ぎて言葉を聞き取ることができないのです。

渡米前に勉強に使っていたリスニング教材のように、アナウンサーばりのきれいな発音で、ゆっくり丁寧に話してくれる人はどこにもいません。

会話のスピードに慣れること。それが、最初の関門でございました。

★10 **留学エージェント**
留学先を手配する代理店のこと。留学前のカウンセリング、留学する国や学校選びのサポート、ビザ申請のサポート、入学手続き代行、ホームステイ先の紹介などを行う。

私の通った語学学校は、50分の授業が午前中に４時限、午後に２時限。入学時は60人ほどの外国人が在籍していて、日本人は４人。

事前に留学ＷＥＢサイトで全米の語学学校の口コミを読み漁っていたので、日本人割合や国別割合、街や学校の雰囲気、治安などは、想像していた通りでした。どんなサービスでもそうですが、先駆者の口コミは結構頼りになるものでございます。

同様に想像通りだったのは、私の語学力。初日に簡単なテストを実施してレベル別のクラス分けがあり、当然ながら、私はいちばん下のクラスでございました。

同じクラスにはアジア、南米、欧州から来た10代〜50代の男女がおり、上位クラスは若い人が多く、いちばん下のクラスは年齢層が高めです。

個人事業を展開するために米国にやって来たものの、英語ができないので勉強をしに来た社長さん、夫の米国駐在に同行し、日中は時間があるので英語を勉強しに来たおばさまなどがいる中で、28歳の私は超若手。

それはそれでショックなことですが、自分と同じくらい英語ができない人たちがいると思うと、「何とかなる」と勇気づけられた思いがしたものです。

英語が絶望的に話せなくても1か月で光が見え、3か月で変われた話

Reading リーディング（読む）、Writing ライティング（書く）、Listening リスニング（聴く）、Speaking スピーキング（話す）。

ご存知の通り、これらは語学を学ぶ上での大切な４つのスキルです。私が通っていた語学学校でも、各スキルに焦点をあてた授業が組まれておりました。

文法理解力が必要なリーディングとライティングは、私もそこそこできるのですが、リスニングはひどくはないけれど良いとは言えず、スピーキングに至ってはまったくできず、重症でございました。

日本人はスピーキングが弱いと言われます。今では国公立の大学受験にも英語４技能の試験があるようですから中高で４技能を磨くのでしょうが、少なくとも私が中高生だった20年ほど前は、公立学校にスピーキングのテストは一切ありませんでした。

しかしながら、自分の英語力のなさを、日本の英語教育のせいにするのはやはりお門違いというもの。やる気があれば、語学というのは短期間でもある程度は上達するものなのでございます。

語学学校で1か月ほど授業を受けてみると、私のように理解が遅い者でも徐々に耳が英語に慣れて、英語が聞き取れるようになってきます。

留学前、語学学校を選ぶ過程で「早い人であれば1週間ほどで現地語に耳が慣れてくるので、大丈夫です」と言われたことも、納得できるようになりました。

と同時に、1か月が過ぎた頃から、すでにペラペラと喋《しゃべ》っていると思っていた南米や欧州から来ている生徒たちの英語が、実は文法や単語のチョイスが適切ではないことが聞き取れるようになってきました。

どうやら彼らは、間違えて喋ることをさほど恥ずかしいと思わず、間違えたら言い直せばいいと考えているようでした。それに対して日本人は、間違えたら恥ずかしいと思う気持ちが強いのではないでしょうか。

間違えていいんです。日本語だって、間違えて言い直しているのですから。

最初のうちは授業中に間違えまくって恥ずかしい、情けない……の連続でしたが、語学学校の生徒をはじめ、米国で暮らす人の中には英語が話せない人が一定数いることを実感するようになると、恥ずかしさも薄れていきます。

だいたい、恥ずかしいからと言葉を発しないのでは会話が成り立ちません。語学学校でさまざまな国の人と接する中で学んだのは、

「会話をする上で文法はさほど重要ではなく、単語の発音が重要」ということです。

たとえばファストフードの代名詞、「マクドナルド」。

日本と同じ発音をしてもまったく伝わりませんし、関東風に「マック」、関西風に「マクド」と言っても通じませんが、文法が滅茶苦茶でも単語がはっきり発音できれば、相手は即座に場所を教えてくれます。

そのことがわかってから、留学中はラジオ（主にiHeartRadioというネットラジオ）を聴くようにしました。ラジオからは標準的なアクセントの単語が流れてきますから、聞き流しているだけでも発音の勉強にはなるわけです。

ほかに、「映画を英語字幕で観る」「知っている小説を英語で読み直す」「好きなス

ポーツを英語の実況中継で観戦する」なども実践しました。

今であれば、「好きなYouTuberの動画を英語で観る」という勉強法も有効かと思いますが、私が留学していた2015年当時は今ほどYouTubeが世の中に浸透しておらず、YouTuberやTikTokerというワードさえございませんでした。それを思うと、改めて、世の中の変化の速さを実感いたします。


語学学校では、最初のうちに授業を多めに取って集中的に勉強したことで、3か月ほどすると日常会話にはさほど困らなくなりました。

そこで留学後半は、授業を取るのは午前中だけにして、午後は公営のスポーツジムを利用して水泳を楽しむなど、運動をするようにしました。

社会に出てからの暴飲暴食と運動不足が原因で病気になり、体調を戻すのに4年ほどかかりましたので、留学先では英語の習得のほかに自己管理をきちんとし、二度と病気にならない体を作ろうという目標を持っておりました。

環境を変えたことで、自己管理はできたのかもしれません。現在、体重は63kg。語学留学をした当時から、この体重をずっとキープできております。

履歴書に「海外勤務」と書くためにインターンシップを考えたセコイ話

1年弱フロリダに滞在して日本へ帰ってきましたが、ちょろっと語学留学したくらいで語学が活かせる職につけるわけではありません。

仮に運良く採用してもらえたとしても、当時の私の語学力は、ビジネスで使うにはまったく役に立たない、低レベルのものでした。

そこで、再就職前のステップとして、アルバイトをしながら多少の収入を得て最大1年間海外生活ができる**ワーキング・ホリデー**[★11]を探すことにしました。

そうすれば、語学がさらに学べるだけでなく、後々、履歴書を書くときにもプラス材料になるかもしれないとセコイことを考えたのです。

ワーキング・ホリデーの対象年齢は国によって違いますが、基本的には18~30歳で、

★11 ワーキング・ホリデー
2国間の協定に基づき、異なった文化の中で海外生活を楽しみながら、その間の滞在資金を補うために一定の就労をすることを認める出入国管理場上の特別な制度。利用できるのは18歳~25歳、あるいは30歳までなど国によって異なる。期間も1年、また半年など国によって異なる。原則として、相手国は一生に一度しか利用できない。2023年現在、外交上の協定を結んでいるのは36か国。

英語圏ではカナダやオーストラリアが人気の滞在先となっています。

私は米国で語学留学をいたしましたので、できれば米国でと考えていましたが、調べてみると米国にはワーキング・ホリデー制度がないのです。その代わり、就業体験ができる**インターンシップ制度**★12があります。

恥ずかしながら私、この事実を、このときに初めて知りました。

日本におけるインターンシップとは、一般的に企業が新卒採用活動の一環として行う1day仕事体験や短期の仕事体験制度を表すことが多いのですが、米国のインターンシップはまるで別物。研修生として12か月から最長18か月の就業体験ができ、しかも、報酬を得ることができます。

1日8時間のインターンシップで貰える報酬は、仕事内容や全米各州や都市における労働基準法などによって差はありますが、月に1500～2000ドルが当時の相場だったと記憶しています。

しかも、米国のインターンシップ制度には年齢制限がありません。概ね40歳ぐらいまでとされているようなので、私のように30歳を迎えてしまった者でも卑屈にならずに挑戦できる点が魅力でした。

★12　**インターンシップ制度**
近年増えてきた海外でのインターンシップ制度。6～18か月の長期インターンシップで、報酬が用意されているのは米国、カナダ、オーストラリア、ニュージーランド、イギリス、中国、ベトナム、シンガポールなど。また、2週間程度のボランティア的な短期インターンシップもある。

私としては、収入を得ながら英語圏で生活できるなら、ワーキング・ホリデーでもインターンシップでも構いませんでした。

しかし、将来的に日本で就職することを考えますと、ホリデーというワードがつく「ワーキング・ホリデー」より「インターンシップ」のほうが仕事寄りのイメージがして履歴書に書いたときの印象が数段良い！ということがわかり、腹黒くインターンシップを選択いたしました。

問題は、ビザでございます。

私のような社会人経験者が米国でインターンシップ制度を利用するには、トレーニングやインターンシップを目的とする「J1ビザ」が必要になるため、**ビザスポンサー**[★13]を探さなければなりません。

インターンの受け入れ先は、ビジネスレベルの語学力が要求されて報酬も高いIT業界や金融業界から、日常英会話程度でOKですが報酬はそこそこな業界の仕事まで幅があり、私のように語学力が低い人間でも、「選択を間違えなければ何とかなる」という印象でした。探してみると、語学力が低めでもイケそうな業界もありました。

★13　ビザスポンサー
ビザ申請者の保証人。学生ビザは、入学する学校や教育機関が学生ビザのスポンサーになり、就労ビザの場合は、雇用主がビザスポンサーになる。

「J1ビザ」取得の主な条件は、

①満18歳以上であること（大卒の場合は日本で就労経験が1年以上）
②受け入れ企業の業種が、日本での就労経験と関連性があること
③日常会話レベル以上の語学力があること
④渡米に必要な費用を有していること（金融機関の残高証明）

などがメインで、さほどハードルは高くありません。

私の場合、大学卒業後2年間営業職を経験し、季節労働者時代はスキー宿で働いていましたので、「J1ビザ」取得条件の①はクリアしています。

受け入れ企業の選び方は、②の「業種が、日本での就労経験と関連性があること」が条件となります。

ノルマに追われる営業職はまったく自分には向いていないとわかっておりましたので、「宿での仕事経験を活かしてステップアップをしたい」と留学エージェントに伝え、ホスピタリティ業界で受け入れ企業を探してもらうことにしました。すると驚くことに、私のように英語力がない者でも、面接可能な企業がざっくり10件以上あったのでございます。

30歳フリーターでも1か月でインターンになれた話

留学エージェントでインターンシップに必要な「**J1ビザ**★14」の申請手続きを開始してから、面接可能なビザスポンサー企業のリストが私の手元に届くまで、7日。インターンシップへの道は私の予想をはるかに超え、トントン拍子で進んでいきました。

エージェントから送られてきたリストに目を通し、語学条件が「ビジネスレベル」ではなく「日常会話レベル」で、仕事は「未経験可」となっている比較的ハードルの低そうな企業を探して応募すると、すぐに面接の連絡が入りました。

現地企業担当者との面接は、**スカイプ**★15を使って行います。コロナ禍を経験した現在でこそオンラインミーティングは当たり前になりましたが、口下手、あがり症の私が緊張したことは言うまでもありません。

★14　J1ビザ
交流交換プログラムを目的とした米国のビザで、日本人が多く申請するのが「トレーニー」と「インターン」。ともに、米国内での研修やトレーニングを目的としたもので、就労ビザのように米国移民局の管轄ではなく、米国国務省の管轄となる。

★15　スカイプ
マイクロソフトが提供するクロスプラットフォーム対応のコミュニケーションツール。アカウントがあれば、国内外とも無料で通話やチャットができる。

最初の面接は、合格すればニューヨーク勤務となる旅行会社でした。

パソコンの画面越しに、50歳前後の男女の面接官がにこやかな笑顔で待機していて、時差を考慮した「朝早くに面接のお時間をいただきましてありがとうございます」的な挨拶から始まり、ややお堅めの質疑応答が続きました。

志望動機やインターンシップ後のキャリアプラン以外に何を聞かれたかは、緊張していたのではっきり覚えておりません。最後に簡単な英会話チェックがあり、トータル20分ほどで面接が終わりました。

面接官との波長が何となく合わない上に、英会話チェックの質問にもうまく答えられなかったので、これはダメだなと思っておりました。

案の定、2日後に留学エージェントを介して不採用のメールが届き、自分の力のなさを思い知らされ、かなり凹《へこ》みました。

面接に1社落ちたくらいで凹む必要などないのかもしれませんが、語学に自信がない上に、ビデオ通話面接だということが、「もしかするとすべての面接に落ちるのではないか……」と私の不安を増長させていました。

ところが2社目の面接は、打って変わってフランク。

ラスベガス[★16]にあるこの日系旅行会社の面接は、まず日本人の面接官があり得ないほど色黒で、歌手のM崎しげるさんレベル。

「ラスベガスは暑いからこんなに日焼けしちゃうんだろうなー」なんて呆気《あっけ》にとられていると、日焼けした肌とコントラストが効いた白い歯をちらつかせながらにこやかな挨拶をしてくださり、「アメリカに来たことある?」「どこに行ったの?」「日本では何をしてるの?」といった軽い質問が続きました。

私もラスベガスに行ったことがあったので、話の流れで雑談をしていると、英語のレベルチェックもないまま面接は終わってしまったのです。

1社目のガチガチに堅苦しい面接がインターン採用としてはまっとうだとするなら、雑談で終わった2社目は面接に入る前に不採用と判断された可能性が高く、私としてはガチで凹んでおりました。

ところが面接から2日後、留学エージェントから「合格しました」とメールが届いたのです。これには私も驚きました。

★16 **ラスベガス**
米国ネバダ州南部にある同州最大の都市。略称はベガス。「ベガ」とは、スペイン語で「肥沃な大地」を意味する。1820年代後半にソルトレイクシティからカリフォルニアを目指すモルモン教徒によってネバダ砂漠の中にあるオアシスとして発見され、蒸気機関車の給水地として発展。第二次世界大戦後、カジノの都となる。

面接可能な企業はほかにもありましたので、さらに数社の面接をし、比較検討をしてからインターンとして受け入れてもらう企業を決めることもできました。むしろそれが、一般的かと思います。

しかし私としては、超緊張を強《し》いられる面接はもうたくさんだと思っておりましたので、「ありがとうございます。よろしくお願いいたします」と留学エージェントにお返事をいたしました。

合格後は、インターンとして受け入れてくれたビザスポンサー企業から条件が記された受け入れ承諾書（オファーレター）が届きます。

米国では職種によってインターン期間が決まっており、ホスピタリティ業界は12か月。私が取得できるビザは、12か月の「J1ビザ」になります。

ビザ申請に必要な書類は留学エージェントが作成してくれますので、あとは在日米国大使館でのビザ申請面接をクリアすればOKです。

ところが、この面接がなかなかの難関。NGワードもかなりあり、留学エージェントの担当者さんからは丁寧なアドバイスをいただきました。

インターンシップに必要な「J1ビザ」を取得するために米国大使館での面接を行うのは、その人物が本当にインターン制度を利用したいと考えているのか、それとも別に目的があり、違法な入国を考えているのかを確認するためだそうです。

留学エージェントの担当者さんからは、

「インターンシップ制度の利用動機や目的、将来にこの経験をどう活かしたいかといった質問がされますので、前向きで差し障りのない答えをしておけば大丈夫です。ただし、違法滞在や違法就労が最も警戒されますので、その点はご注意ください」と、かなり念押しされました。

さらに、面接では次の3点を守るようにと注意を受けました。

①「働く＝work」というワードは絶対に使わないこと。

②インターンシップなので「訓練する＝train」「学ぶ＝learn」といったワードを使って話を進めること。

③インターンシップ終了後は必ず帰国する意思を表示すること。

注意項目も多かったため、米国大使館での面接ではとても緊張しました。ところが大使館での質問は、

●インターンシップ先の企業名と都市は？
●インターンシップの期間は何か月ですか？
●インターンシップ終了後はどうする予定ですか？

の3問だけでした。

最後の質問がひっかけでして、ここで「インターンシップ終了後に米国で就職口を探したい」などと答えてしまったら、アウトだったかもしれません。

面接官の方はとてもゆっくり、はっきりした英語で質問をしてくれまして、英語力未熟な私でもなんとか答えることができ、ビザを取得できました。

インターンシップ先とのスカイプ面接、米国大使館での面接を終えてからわずか1か月後、私は米国ネバダ州のラスベガスにおりました。

人生が変わるときというのは、まるでジェットコースターにでも乗っているかのように目まぐるしいものでございます。

「何かを始めるのに遅いということはない」が、お金は必要だった話

米国大使館でビザ申請をしてから1週間ほどでビザが取得できましたので、その後はラスベガスまでの航空チケットを取り、インターンとして勤務する会社周辺をGoogleマップで調べてアパートを借りる場所の目星をつけ、不動産会社のサイトを見て物件探しをするなど慌ただしい毎日が続きました。

ラスベガス到着後は1週間ほどホテルに泊まり、レンタカーを借りてアパート探し。土地に余裕があるせいか、日本にあるような一人暮らし用ワンルームはほとんどなく、土地勘もないので治安の良い場所で手頃な物件を探すのは一苦労でした。

米国はキャッシュレス社会です。アパートの賃貸料金も銀行引き落としですから、本来ならば米国の銀行口座がないとアパートを借りることができません。

しかも、米国で銀行口座を開設するには社会保障番号が必要で、日本のマイナンバーと同じような役割を持つこの社会保障番号はビザのほかに、米国での収入など経済的裏付けがないと取得できないのです。

インターンとして渡米するのに、お給料が出るまでアパートを借りられないのでは困ります。そこで必要になるのが、「Ｊ１ビザ」の取得条件④としてご紹介した「渡米に必要な費用を有していること（金融機関の残高証明）」です。

自分名義口座の残高証明書（英文）は、ビザスポンサーになってくれる企業と在日米国大使館の両方に提出することになっています。

アパートを貸りるときも社会保障番号が必要でしたが、大家さんと交渉して残高証明書を提出することで社会保障番号提出を回避して無事入居することができました。

では、残高証明に必要な額はどの程度かと言いますと、「２００万円ぐらいが一般的」だそうです。

留学エージェントから説明を受けたときは、「そんなに！」と驚きました。

私自身の貯金は語学留学でほぼ使い果たしておりましたので、正直に申し上げますと、残高証明用の資金は両親に援助してもらい形を整えた次第です。そして、この際に借りたお金は、後々、旅行をプレゼントする形で返していくことになります。

語学留学にかかった費用はざっくりと当時のレートで260万円ほどでしたが、インターンシップのビザ取得にも結構なお金がかかりました。

まず、留学エージェントに支払った費用が60万円ほど。語学留学をしたときはお金をケチりまして、自分で語学学校とホームステイ先を探しましたが、インターンシップ制度を利用する場合はビザスポンサーを探す必要もございますので、信頼できるエージェントを通されたほうが安心かもしれません。

ほかに、航空チケット代、アパートを借りるための前家賃と家賃、お給料が出るまでの1か月分の生活費、残高証明用の資金などが必要になります。

20代の私は、「やりたいことが見つからない」「何をすれば良いかわからない」と考えているだけで、仕事もろくにせず、ニートに片足を突っ込んでいるフリーターでした。

甲状腺機能亢進症という厄介《やっかい》な病気にならなければ、自らの人生を省みることはなかったでしょうし、28歳で語学留学を決心しなければ、そして、30歳でインターンシップに挑戦しなければ、旅行会社の海外駐在員として働く現在の私は確実にいなかったと思います。

人より10年遅く社会人としての歩みが始まったわけで、「何かを始めるのに遅いということはない、今からでもなんでもできます」的な格好良いことを申し上げたいのですが、やはり何事にも年齢やタイミングがございます。

私の場合は日本でまともな企業に再就職できず、切羽が詰まりに詰まって米国に行き着き、運良く就職できた次第でございます。

仕事を頑張ったとか、何かを努力してきたとかは到底言えませんが、インターンシップ開始以降は慣れない異国生活で目の前に出てくる物事に必死に対応してきたことだけは確かです。

能がないなりにも必死にやっていたら、周囲の人に恵まれるようになって、物事が好転し始めたように思います。

Column 1

渡米にかかった費用

●語学留学にかかった費用

語学学校費用	約$1,000／月
家賃（ホームステイ）	約$700／月
生活費	約$400／月
小　計	約$2,100／月
航空券など	約$1,000
1年Total	約$26,200（当時のレートで約260万円）

●インターンシップ出発前に必要だった費用

ビザ取得費用	約60万円
家賃（1カ月分と1カ月分の前家賃）	約16万円（2か月分）
航空券、保険などその他	約8万円
残高証明書	約250万円
Total	約350万円

こちらは私の実体験として、2014年当時の為替相場（1ドル＝100円前後）で計算しております。現在は変動していると思いますので、あくまで目安としてご参考にしていただければと思います。

第2章
ゼロスキルでもアメリカ移住、キラキラのないNY生活

英語の仕事も旅行業界も未経験で
テンパりまくりの30歳インターン

２０１６年8月、米国ネバダ州、ラスベガスにある日系の旅行会社で、私のインターン（実習生）としての生活が始まりました。

小さなスキー宿での就業経験はあるものの、旅行業は初めてでございますので、どんな仕事をするのか、自分にできるのか想像もつかず、ラスベガスに着いたときは「期待や希望」は皆無で、「不安」しかありませんでした。

旅行関連の仕事にもいろいろありますが、この会社で行っているのは、日本から米国にお越しになるお客さまのためのホテル、現地で移動する車両、レストランや観光施設、日本語のツアーガイドさんなどの手配で、業界用語では「ランドオペレーター」あるいは「ツアーオペレーター」と呼ばれる旅行サービス手配業でございます。

「簡単な仕事からやってください」と言われて始まったインターンとしてのトレーニングは、先輩たちが1、2か月前に手配したホテルや車が、確実に予約されているかを利用数日前に電話で確認することでした。

簡単と言えば簡単ですが、仕事で英語を使うのは初めてですので、フォーマルな単語や丁寧な言い回しが咄嗟《とっさ》に出てこないのです。

しかも電話なので、相手の言葉がうまく聞き取れない。話すことも聞くこともできず、確認に手こずり、相手に怒られ、自分の英語力のなさを呪いたくなるほど、凹む毎日でございました。

唯一の救いは、日系企業なので社員のほとんどが日本人であり、先輩からの仕事の指示が日本語だったこと。もしも英語しか使えない会社でしたら、3倍くらいは凹んでいたと思います。

パソコンを使っての書類の作成も、営業時代以来6年ぶりでございますので、ミスしないように気をつけるだけで精一杯。「コレ、お願いします」といきなり仕事を振られて焦りまくることも日常茶飯事で、長いブランクがあると、こんなにも仕事をこなせないものなのだと、ダメな自分に愕然《がくぜん》としていました。

ただ、仕事で凹むことは多くても、営業マン時代のように「やる気をなくす」ということは、もうありませんでした。

病気をして仕事がまともにできない時期があったので、仕事ができることは本当にありがたいことですし、自分の居場所があることにも感謝しなければと思うようになりました。まぁ、少しは大人になったということです。

留学エージェントに結構なお金を支払ってインターンになったわけですし、今さら日本に帰ったところで、まともな再就職ができるわけでもありません。「ミスをした」「相手に迷惑をかけた」といちいち凹んでいても仕方がないので、終わったことはなるべく忘れ、「明日一日、頑張ろう」と気持ちを切り替える。最初の1、2か月はそんな感じで過ぎていきました。

ようやく仕事に慣れ、英語にも慣れてきた頃、「次はガイドをやるか!」という話になりました。ガイドといっても、日本からラスベガスにいらした少人数ツアーのお客さまを空港にお出迎えに行き、バスでホテルまでお送りして、チェックインのアシストをする程度の簡単なガイドでございます。

先輩についてガイドのトレーニングをしているうちは、お客さまの前でニコニコと笑っていればよかったのですが、2回のトレーニングが終わり、独り立ちしてからが大変でした。

空港からホテルに向かう車中、ラスベガスの観光案内と滞在中の注意点などを説明しなければいけないのですが、人前で話すのが苦手な私は、「皆さま、本日は……」と言った途端にその後のセリフが飛んでしまい、頭の中が真っ白になってしまうのでございます。

数秒間言葉が出てこないので、テレビならば「放送事故か！」とクレームが来るところですが、外の景色に夢中なお客さまはガイドの話を聞いていないということもあり、命拾いをしておりました。

とはいえ、旅の楽しさはガイド次第で変わります。何を質問されても、ろくに答えられない新人ガイドだったので、当時ご利用いただいたお客さまには本当に申し訳なかったと思います。ようやく仕事に慣れ、少し観光の勉強をする余裕ができたのは、やはり、2か月ほど経ってからでしょうか。

連日40℃近くあるラスベガスの夏も終わり、秋になろうとしていました。

インターンなのに支店へ異動!? 米国旅行業界は慢性的人手不足

インターンになって9か月。英語にも仕事にもなんとか慣れ、手配の仕事も任されるようになってきた2017年4月、私は突然、ラスベガスの支店から欠員が出た**ロサンゼルス**[★17]支店へ異動することになりました。

一般的には、12か月の「J1ビザ」で米国に滞在しているインターンの異動はございません。しかし、米国の日系旅行会社は慢性的に人手不足状態なのです。

私がインターンをしていた会社も中高年の社員が多く、当時30歳の私が最年少（今でも最年少）。同業他社を見ても、30歳以下はまずいません。

若手の採用ができず慢性的人手不足になっている要因は、お給料の安さです。

米国の平均年収は約6万ドル（日本円で850万円程度）でございますが、日系の

★17 **ロサンゼルス**
米国カリフォルニア州にある同州最大の都市。米国ではニューヨークに次いで人口が多い。略称、L.A.。日本語で「ロス」と略すことがあるが、英語圏では通じない。

旅行会社は到底そのレベルに及びません。

欧州や中国など平均年収が高い国の旅行者をターゲットにしている旅行会社では給与レベルも高いですが、平均収入が低い日本人は旅行に使う金額も低くなりますので、日系旅行会社の収益はそう上がらず、私のような末端の社員の給与も低くなるわけでございます。

もちろん日本人にも富裕層はいらっしゃいますが、それはごく一部。全体的に見ると、日本円の価値が落ちていることもあり、残念ながら日系旅行会社の給与は低く、上向く要素もあまりございません。

具体的に言うなら、インターン時代の月の報酬は「日本の大学生が授業の合間にめちゃくちゃ頑張って１か月バイトした」っていうときくらいの金額でございます。

米国の若い人たちは給料がいいＩＴ関連や金融関連企業を狙い、旅行業は選びません。そのため、米国の旅行会社はインターンシップ制度のビザスポンサーになってインターンを採用し、人を補充しているという側面もございます。

１年限定になってしまいますが、正社員やパートタイムで人を雇うよりも時給を安く抑えられるからです。

そうでなければ、20代の大半をフリーターとして過ごした私に、面接のオファーが10件以上も届くわけがありません。

私自身は、「インターン経験が履歴書に書ければ箔がつくかも」と腹黒いことを考えて渡米したわけですが、もしあなたが転職を考えていたりフリーターをしているなら、思い切ってインターン制度を利用してみるのも、悪くない選択だと思います。

1年間、海外に身を置くことで実践的な英語力を身につけられますし、甘えることができない環境で生きる力も身につけられると思います。

少なくとも私は、そうでした。ただし、インターンとして働くなら、物価の安い場所を選ぶことです。

ラスベガスからロサンゼルスまでは、ルート15を西へまっすぐ進み4時間ほど。ところがこの2つの都市、物価がまったく違うのです。

ラスベガスは米国有数の観光地ですが、観光以外にこれといった産業はなく、中心地以外は茶褐色の乾いた大地がどこまでも続く田舎なので、治安もそこそこ良く、物価が安くて住みやすい街でございます。

一方ロサンゼルスは、全米でもニューヨークに次いで人口が多い大都市で、ハリウッドやビバリー・ヒルズがあり、物価が高いことでも有名です。

商業地区のトーランスは日系企業が多く、日本人留学生や駐在員が集中しており、私が異動を命じられたロサンゼルス支店も、トーランスにありました。

しかし、ロサンゼルス都市圏内では治安も比較的良いこのエリアに、インターンの安月給で借りられるアパートなどあるわけがございません。

当時、私が借りていたラスベガスの安アパートは月７４０ドル。ロサンゼルスで一人用のアパートを借りるとなると倍以上、あるいはインターンの報酬以上の家賃になってしまいます。

ロサンゼルスに異動するまでの猶予はわずか10日。安いアパート探しに奔走してようやく見つけたのは、知り合いの知り合いを通して仲介をしてもらった、いわく付きのキャンピングカーでした。

ラスベガスのアパートよりもさらに格安の月５５０ドルでしたが、まさかキャンピングカーで暮らすことになるとは思ってもいませんでした。

これもまた、米国でインターンをしなければ味わえなかった経験です。

インターンからまさかの正社員に人生の新しい扉が、ふと開くとき

ロサンゼルスは大都会でありながら、サーファーの聖地と言われるほど、おしゃれなビーチが多い場所でございます。

ビーチ周辺にはキャンピングカー専用の**RVパーク**[★18]も多く、電気、水道、排水は使いたい放題。シャワーやWi－Fi環境も整っています。

私が住んでいたキャンピングカーもそんな環境のところにあり……と申し上げたいところですが、実際は海辺から15分ほど内陸に入ったトーランスで最も治安の良くないエリアにありました。

ときにはギャングの抗争があり、銃声が聞こえるようなエリアでして、頻繁に犯罪者の追跡事案が発生するせいで夜通し警察のヘリがサーチライトを焚いて上空を旋回していたことをよく覚えています。

★18　RVパーク
RVとはRecreational Vehicleの略で、休暇を楽しむための車のこと。米国では主にキャンピングカーを指す。キャンピングカーで快適な旅ができるように、さまざまな設備を備えた専用の滞在施設がRVパーク。日本でも日本RV協会が定めた条件を満たした場所を「快適に安心して車中泊ができる場所」としてRVパークに指定している。

そんな治安がよろしくないエリアの戸建て住宅の庭に、使われなくなったキャンピングカーが3台敷地ぴっちり置かれておりまして、その中の1台で寝起きしていたわけでございます。

キャンピングカーにはシャワーがありませんが、庭には辛うじてトタン屋根が付いたシャワーがあり、屋外で完全に裸になって身を清めておりました。

ただ、ロサンゼルスは年間を通してほとんど雨が降らず温暖なため、エアコンや断熱機能が一切ないキャンピングカーと屋外シャワーでも十分に生活はできました。

また、日系のコミュニティがあるので日本食のレベルが高く、ラスベガス勤務当時には往復8時間かけて車で買い出しに来ていた大型の日系スーパーもあるため、物価は多少高くても、とても暮らしやすかったです。

キャンピングカー暮らしにも慣れてきた頃、ラスベガスで始めたインターンが期限の12か月を迎え、私の在米生活も終わりを迎えることとなりました。

米国のインターンシップ制度を利用した場合、期間満了を迎えたらすみやかに帰国することが条件になっておりますが、もし他のビザに切り替えられた場合は、引き続き米国に滞在することが可能です。

代表的な一例が、「インターンシップの期間に米国国籍の方と結婚して配偶者ビザに切り替える」、「**永住権**[19]（グリーンカード）を取得する」、「インターンシップ先の企業で就労ビザに切り替える」などでございます。

渡米前、留学エージェントからそんな説明を受けたときは、「まったくの他人ごとだ」とぼんやり聞いておりました。

ところが、私を待ち受けていたのは、思いもよらない展開でした。

「インターン後も、会社に残りませんか？」と打診があったのです。

仕事にも慣れ、フランクで個人の意見を尊重してくれる会社の雰囲気も自分に合っていると感じていましたし、日本帰国後に再度就職活動するのも面倒な気がしておりました。断る理由はありません。

「ビザ更新のオファーをいただけた。やったー！　就職できたー！」とか「何か新しい人生の扉が開いた！」とか、そういった大きな感情は湧きませんで、いたって平静だったように記憶しています。ただ……

「何か思いもよらぬ方向にことが動き出したな……」と感じたことを覚えております。

★19　**永住権**
米国滞在の期限がなく、自由に何度でも出入国ができ、職業選択の制限もされないビザ。

２０１７年8月、私は米国駐在員となりました。

ただ、一口に駐在員と言いましてもいろいろなタイプがございまして、待遇面でかなり差があります。

一般的に良い待遇を得られるのは、日本で就職した企業から派遣されている海外赴任タイプの駐在員でございます。

そうした場合ですと、海外赴任中の家、車、光熱費、保険、年に数回の日本帰国航空券代、子どもの教育費など、あらゆる生活コストが会社持ちになりますので、比較的余裕ある海外生活が送れます。

対して、当時の私が属するような海外赴任ではなく現地採用に近いタイプの駐在員は、ビザの種類は同じでも家や車などは会社持ちではなく自分持ち。

よほどサラリーが良い会社に勤務していない限り、物価高の米国で余裕ある生活が送れることはございません。

私の場合は、社員になって月収はインターン時代の倍になり、ようやく日本の大卒初任給程度になりました。底辺の海外駐在員ではございますが、人間としてまともな生活ができるようになっただけで、大きな進歩でした。

さて、ロサンゼルス支店に人員補充ができ、私もロサンゼルス生活に慣れてきた頃、新たなプロジェクトが動き出しておりました。

ラスベガス、ロサンゼルス、サンフランシスコに支店があり、西海岸にしか拠点がなかった当社ですが、やはり東にも拠点がほしいということで、ニューヨークに支店を置くことになったのでございます。

誰かがニューヨークへ行き、支店の立ち上げ業務を行わなければなりません。社内の偉い方々が話し合った結果、どういうわけか、私が行くことになりました。

インターン1年、正社員になりわずか4か月。旅行業を経験し始めて1年ちょっとの人間を単身ニューヨークに駐在させるというのは、普通ではございません。

なぜこういうことになったのかと言いますと、私以外の会社同僚の皆さんは家族がいて家を持っているので、なかなか動けない。唯一動けそうなのは独身の私だけ。つまり、抜擢された！のではなく、消去法で選ばれたのでございます。

インターン時代にラスベガスからロサンゼルスへの異動話が下りてきたのも、異動予定日のたった2週間前でしたが、ニューヨーク異動の話が私に下りてきたのも予定日の1か月前でした。

ニューヨークへ行くとなれば現地でアパートを探し、ロサンゼルスで使っている車を売ったりと事前準備をしたいところですが、会社はよほど私がアドリブの利く奴だと思っているようでした。

独身でキャンピングカー暮らしかつ、家財道具がほとんどないので引っ越し方法は古典的。仕事の都合もあり引っ越し業者を一切使わず、片道飛行機で6時間かかるロサンゼルスとニューヨークを毎週往復、トータル4往復もして荷物や会社の備品を運びました。

２０１７年12月、かくして私はニューヨーク勤務となりました。

私はいつかのYouTube動画の中で、米国の州や都市にはそれぞれ住民の呼び名があり、ネバダ州の人は「ネバダン」、カリフォルニアの人は「カリフォルニアン」などと紹介いたしましたが、ニューヨークの人は言わずと知れた「ニューヨーカー」。

洗練された響きがしますが、洗練を求めたことのない私にとって、この大都会で暮らすのはなかなか大変でございました。

西から東へ。ニューヨーク勤務はカルチャーショックの連続！

米国で西から東へと動き、かなりのカルチャーショックを受けました。

ロサンゼルスは年間を通して温暖で過ごしやすく都会と言うにはのんびりした雰囲気があるのですが、ニューヨークは12月ともなると凍えるような寒さで、人口が超過密状態。いきなり高いビルばかりのコンクリートジャングルで、ちょっと異様な、東京とはまた違う圧迫感がございます。

とにかく驚いたのが、物価が高いこと、高いこと……。ラスベガスからロサンゼルスに引っ越したときも物価の変動に驚きましたが、そのときをはるかに超える驚きでございまして、ロサンゼルスが安いと思えるレベルです。

物価が超高い上に、ニューヨークはロサンゼルスのようにエアコンのないキャンピングカーなんかで寝起きできる街ではございません。

そこで、お給料アップをお願いし、ロサンゼルス時代のほぼ倍にしていただきました。社員になってインターン時代の倍近くの月収になり、ニューヨーク勤務でさらに倍近くになったので、ラスベガスでのインターン時代の4倍近いレベルになっていました。

数年前、年収150万円しかないことにオロオロしていた私も、ようやく世間の皆さま並みの収入に近づいてきた、ということでございます（しかし、米国の平均収入にはまだまだ遠く及びません）。

さて、少し話がそれましたが、ニューヨークは家賃が高いので、支店を開設すると言っても、シェアオフィスに机を一つ置いただけでのスタートです。

物価の高い都会で車を維持していける余裕もないので、車を運転するのが好きな私もニューヨーク勤務になってからは車を手放し、地下鉄通勤にいたしました。

最初はアパート代を節約しようと、バス、トイレ、キッチン共有で8畳程度の部屋をシェアするアパートを月１１００ドルで借りました。

しかし、元来一人の時間が必要なタイプでありまして、他人とのルームシェアに疲れ切り、「30歳過ぎのおっさんには、とてもじゃないけれどやってられない」と約半年で早々に退散した次第です。

新たに借りたのは、アップタウンの**ハーレム地区**[★20]にある家具付き20平米程度の古いアパートで、月1800ドル。ラスベガスで借りていたアパートの3分の1の広さですが、賃料は倍以上でございます。

さらにこのアパート、玄関まで階段があり、3階の部屋まで上がるのも階段なので、荷物を運ぶのに大変苦労をいたします。その上、**ニューヨークの地下鉄**[★21]は駅にはエスカレーターやエレベーターがほとんどなく、大きなスーツケースを持っていても、ショッピングカートを引いていても階段を使うしかありません。車がない生活がこんなに辛いとは、ニューヨークで初めて知りました。

ニューヨーク市はマンハッタン、クイーンズ、ブルックリン、ブロンクス、スタテンアイランドの5つの区に分かれています。

★20 **ハーレム地区**
マンハッタンのセントラルパークの北側にある地区。アフリカ系アメリカ人が多く、マイケル・ジャクソンやジェームズ・ブラウンを輩出したことで有名なアポロシアターのほかジャズクラブやナイトクラブが軒を連ねる。

★21 **ニューヨークの地下鉄**
開業は1904年で最初に開通したのはマンハッタン島を南北に結ぶ「IRTレキシントン・アベニュー線」。古く、荒い建築の駅も多いが、美しい天井画で有名な「グランド・セントラル駅」などは有名な観光スポット。

基本的に日本の方が一般的にイメージされるニューヨークはマンハッタンでございます。マンハッタンは南北に長く、細かくエリアの名前があるのですが、ざっくり言いますと、中央にある**セントラルパーク**[★22]より北側を「アップタウン」と呼び、セントラルパークより南側のオフィス街やブロードウェイなどの劇場街付近を「ミッドタウン」、さらにその南側のショッピングエリアやチャイナタウン周辺を「ロウワーマンハッタン」と呼びます。

アップタウンのハーレム地区にある、治安がギリギリましな場所にあるボロアパートを出て、近くの135ストリート駅から、オフィスのあるミッドタウンのロックフェラーセンター駅までは、地下鉄で約20分。乗り換えもなく便利なのですが、結構混雑しておりまして、ラッシュアワーは座れないことがほとんどです。

しかも、地下鉄の駅や車両内がめちゃくちゃ汚い。至るところにゴミや食べ残しのハンバーガーや生ゴミなど落ちていて、日本ではちょっと考えられないほどの不衛生さなのでございます。そして、ホームレスの方も駅や車両内で生活していらっしゃいますので、臭いも強烈です。

★22　セントラルパーク
面積3・4平方キロメートル、マンハッタン最大の公園。19世紀半ばに建設され、メトロポリタン美術館、野外劇場、動物園、スケートリンクなどがある。

米国で最初に地下鉄が開通したのはボストンで、次がニューヨーク。開業は1904年と古いので汚くて階段しかないということもありますが、24時間運行している路線がある一方でダイヤが正確ではなく、工事で運休している路線が常にございます。

日本の地下鉄のように夜間に保守点検やレール交換を行うのではなく、土日の日中に路線を停めて工事をしているので、出かけるときは運休している路線を確認して路線変更をしなければなりません。

ダイヤが不正確！　揺れる！　うるさい！　そして汚い！　というのが私のニューヨークの地下鉄の印象です。

私にとっては生活しづらいことこの上ない街でしたが、もちろん、ニューヨークには観光名所が山ほどありますし、最先端のアートやファッション、エンターテインメントが楽しめる刺激的な街だと思います。

そして、そうしたニューヨークをより楽しんでもらうための情報を集めるのが、私ども「ランドオペレーター」の仕事なのでございます。

たとえば、日本の旅行代理店から、「ニューヨークで2泊するツアーなので、この価格帯のホテルを手配してほしい」とか「新しい人気のレストランをツアーに加えたい」と連絡が入ったときに、すぐに手配ができるように情報を揃《そろ》えておかなければなりません。

ニューヨークを中心に東海岸の旅行で利用できそうなホテル、レストラン、観光施設、バス会社などを開拓していくことが、私に課せられた使命でした。インターネットを使ってリサーチをし、取引提携を進めるだけでなく、新しくできたホテル、レストラン、観光施設などを視察に行くこともあります。

実は私、食事やショッピング（洋服など）にまったく興味がない30代のおっさんですので、観光される方が喜ぶような最新の衣食情報をインプットするのは正直申し上げて楽しい仕事ではございませんでした。

ですが、仕事でございますので仕方ありません。仕事は日々の積み重ね。真面目にやっていれば何とかなるという自信がついたのが、ニューヨークで過ごした約４年間でございました。

閉鎖的なニューヨーク
でも、いちいち凹んでいられません

西から東に赴任し、カルチャーショックを受けたと言いましたが、住んでいる人の違いにも本当に驚きました。

東海岸に比べると、西海岸のほうがアジア系住民が多く、話す速度もゆっくりで、アジア系言語訛《なま》りの英語を聞き慣れているのでしょう。私の下手くそな英語も聞き取っていただけて、西海岸にいたときはありがたかったです。

米国の人はお喋りで、フレンドリーで、陽気なイメージがあるかもしれませんが、それは一般的に西海岸のことです。

東海岸（とくにニューヨーク）では、話していても全然笑顔を見せないですし、話すスピードが速く、転勤した当初は話す機会があっても全然聞き取ってもらえませんでした。さらに、「お前の言ってることは全然わからない」と平気で言われますので、凹みました。

こんなこと申し上げますと反感を買うかもしれませんが、東海岸は閉鎖的で窮屈なところというのが私の印象です。

西海岸に比べて東海岸は都会です。ロサンゼルスはあれだけ人口がいて大きな街のように見えますが、ボストン、ニューヨーク、フィラデルフィアなどの東海岸の人たちからすると、どこか田舎に感じられて、とても悪い言い方をすると「のろま」なイメージをもっているようでございます。

私も東海岸へ来た当初はどこの街も雰囲気が忙しく感じましたし、とくにニューヨークは、東海岸の中でも別格でした。

でも、ニューヨークの人たちも、悪気があって私の発する訛りまくった英語を「わからない」と言っているのではありません。

自分の思いや感情を素直に伝えたいと突き詰めた結果、日本人ならまず言わないであろう「あなたの英語はわからない」という言葉になるようです。

最初はなかなか自分の言いたいことが伝わらずイライラすることもありましたが、徐々に「あなたの言っていることはわからない」と言われるのにも耐性がついてきまして、ニューヨーカーの早口にも慣れてきました。

しかし、ニューヨーカーとの会話には慣れてきても、人の不愛想なやりとりには馴《な》染《じ》めませんでした。

西海岸では、お店に入れば笑顔で「Hello」「How are you ?」と挨拶を交わすのが当たり前でしたが、ニューヨークではレストランに入って商品を注文しても、スタッフが笑顔を見せることがない場合がありますし、「Hello, how are you」すら答えません。むしろ、下手に声をかけたりすると「初対面なのに、何を馴れ馴れしく話しかけてるんだ？　変な人」という目で見られることもあります。

ファストフード店などでは、オーダーをしてもスタッフは一切無言、商品とレシートを渡されるだけなんて当たり前です。

観光ガイドブックには「米国でショップに入ったら必ず挨拶しましょう」的なことが書かれているかもしれませんが、そのアドバイスがすべてに当てはまるわけではなく、挨拶しないのが普通なところもあるのです。

ニューヨークに暮らしていらっしゃる日本の方々も、西海岸に住んでいらっしゃる日本の方とは少し印象が違います。

これは私の勝手な意見で、被害妄想であり、ニューヨーク在住の方からクレームをいただくかもしれませんが、ニューヨーク在住の日本の方は西海岸在住の日本人を見下している感があります。

良い言い方をすれば洗練されていて上品で他人に対して配慮がある印象ですが、悪い言い方をすればよそよそしく田舎者に厳しいのが、ニューヨークにいる日本の方々でしょうか。

スクールカースト★23なんて言葉がございますが、在米日本人の中には東西カーストとでも言うような、「東海岸（とりわけニューヨーク）こそがアメリカの中心、世界の中心であり、それ以外は田舎で、東海岸に辿《たど》り着けない、働けない人たちが西海岸にいる」くらいの考えをもたれているように、西海岸から東海岸へやって来た私の目には映ったのでございます。

★23　**スクールカースト**
学校のクラスのなかで、能力や容姿などで格付けされ、階層が形成された状態。インドのカースト制になぞらえた日本の造語。

セントラルパークにさえ行かなかったニューヨークの約4年間

ニューヨークは冬が長く寒く、夏は蒸し暑くてサンダーストームと呼ばれる雷雨も多い。春と秋はとても短いのですが、4月中旬から5月は爽やかで、9月中旬から10月上旬は紅葉が美しく観光客が一気に増えるシーズンです。

ハイシーズンはホテルの値段が高くなってしまいますが、ニューヨークを旅行されるなら、やはり、春か秋がよろしいかと思います。

現地でお客さまをご案内していると、おすすめの観光地やレストランを聞かれることがよくあります。ところがニューヨークでは、これまでとは違う、意外な質問をされることが何度もありました。

多かったのは、「朝は、セントラルパークでジョギングされたりするんですか？」

など、私の私生活に関する質問です。

異国で暮らす日本人がどんなものなのかご興味あるようで聞かれることが多かったのですが、その度に私は「いいえ、セントラルパークは行きません」と答え、その度に「何でですかぁ⁉」と驚かれておりました。

「セントラルパークでジョギング」がニューヨーカーのイメージなのでしょう。

しかしながら私、ニューヨークに住んでいた約4年間、仕事で行くことはあっても、私生活でセントラルパークに立ち寄ったことがございません。

本当にニューヨークという街が性に合わず、友人もいなかったため、基本的にアパートとオフィスの往復しかしておりませんでした。

仕事でときどき観光のガイディングをする際は、その土地の建物や街についての歴史も喋らなければなりません。

たとえば「ケネディは何代目？」「現在の大統領は何代目でどうたらこうたら〜」といった具合でございます。

当時は、ドナルド・ジョン・トランプ氏が大統領で第45代。ちなみにジョン・フィッツジェラルド・ケネディ大統領は、第35代です。

東海岸はアメリカ建国の歴史を伝える地だけに、歴史に興味を持って旅行される方も多いので、さらっとですが米国の歴史は勉強して頭に入れておくようにしました。

ジョージ・ワシントンが初代大統領に就任したのは、1789年。

当時はニューヨークが米国の首都で、就任演説が行われたフェデラルホールには、今もワシントンの銅像が立っています。最初のアメリカ政府、議会、裁判所も、このフェデラルホールからスタートしたそうです。

ワシントンD.C.への遷都《せんと》は、ワシントンが大統領に就任してから10年以上経た1800年で、彼は、米国の歴史上唯一ホワイトハウスに住んだことのない合衆国大統領であります。

現在は、「フェデラルホール・ナショナルメモリアル」として、アメリカの歴史が展示されていますので、歴史が好きな方は、行かれてみるといいですね。

ニューヨークには大統領の名前を冠した名所もあります。それが、マンハッタン島の東にある小さな島、**ルーズベルト島**★24です。

★24 ルーズベルト島
1600年代にオランダが統治していた時代は、「ホッグ島」と呼ばれ、イギリス統治時代は「ブラックウェルズ島」と呼ばれ、1921〜1971年は「ウェルフェア島」と呼ばれていた。

オランダ人が入植し、イギリスに統治され、何度も名前が変わってきましたが、ニューヨーク州知事として活躍後、大統領に4選された第32代フランクリン・デラノ・ルーズベルトの名前にちなみ１９７１年に名前がつけられたそうです。

マンハッタン島からは地下鉄でも行けますが、私はルーズベルト・アイランド・トラムウエイ（ロープーウェイ）を使うのが好きでした。マンハッタンの喧騒と比較すると落ち着いた静かな場所で、対岸から見るマンハッタンの夜景が美しく、春にはイーストリバー沿いに咲き乱れる八重桜がとてもきれいです。

私、ジョギングはいたしませんが、泳ぐのが趣味でございます。ニューヨーク州には無料で利用できる公営プールが数多くありますが、休日ぐらいはマンハッタンを離れたくて、いつもルーズベルト島の公営プールまで泳ぎに行っていました。こちらのプールは、無料ではなく1回5ドル。

一つだけでも仕事のことを忘れて集中できるものがあったことが、ニューヨーク赴任中の救いでした。

どん底の経験がトラブルで生きてくる
大きな期待をせず淡々とやるのみ

お客さまに日常とは違う時間を提供することで、思い出作りのお手伝いをするのが、旅行業に携わる私たちの仕事です。喜んでいただけることも大変多いわけですが、その一方で、トラブルもつきものでございます。

ニューヨークに移ってからも、自分がやらかしたミスではないのに、トラブルに巻き込まれることが度々ございました。

たとえば、お客さまが夜の便で米国に到着し、これからホテルに向かうのに、お客さまがご自身で手配したホテルの予約が見つからない。

出迎えに行ったガイドさんから連絡を受けて私がホテルに連絡を入れると、そのホテルは予約されていないうえに満室で空きがない！

夜中に部屋が空いているホテルを探して宿泊の手配をし、必要であれば急いで自宅からホテルに向かい、お客さまを空いているホテルに案内する。

なんてことは、お客さまがオンラインホテル予約サイトを使われていたりすると、ときどきある話です。

先日も、空港に到着されたお客さまからの「迎えの車のドライバーさんと会えない」と連絡が入り、車両会社に連絡を入れてドライバーさんが空港で待っていることを確認したのですが、何回やり取りしてもうまく会えず、結局、お客さまがタクシーでホテルに向かったということがありました。

ホテルや車両の手配確認をしていても、何かの行き違いでこうしたトラブルが起こります。お客さまの安全が第一優先ですから、無事にホテルに到着されればひとまず安心です。

いちばん怖いのは、やはり人命に関わる飛行機や車両の事故です。ツアーの途中で事故に巻き込まれたというトラブルはまだ経験していませんが、「バスが故障して動かなくなった！」ということは何度かありました。

急いで車両会社に電話をしてほかのバスを手配するわけですが、そのバスが到着するまでお客さまには待っていただかなければなりません。渋滞にハマって到着が5時間後になるとか、バス手配に時間がかかり、お客さまを半日待たせてしまうなんてこともありました。

また、ツアーが順調に進んでいても、ニューヨークが大寒波に見舞われて飛行機が飛ばない、めちゃくちゃ気温が低くて車のエンジンがかからないといった、不可抗力のトラブルが起こり、楽しみにしていた観光先に行けなくなってしまうことも少なくありません。

トラブルの電話が飛び込んできたときは、毎回、胃がキリキリと痛みますし、「無事に片付いてくれ」と祈るしかございません。

トラブルが片付き、お客さまの安全を確認をいたしましたら、次はクレーム対応でございます。たとえ自分たちのミスでなくても、お客さまにお詫びをするのが私たちの仕事なのです。

海外旅行は、お客さまにとって一大イベント。それぞれ思い描いたものがあって出発してきたのに行程通りに旅行できないのでは、期待していたものがガラガラと崩れてしまいます。

そうなると、非常にお怒りになるお客さまもいらっしゃるので、菓子折りを持ってお客さまが宿泊されているホテルに謝罪に伺うこともございます。

それでもお怒りが収まらないような場合は、本社と相談で、食事をグレードアップするなり、返金するなりなどの対応を考えます。

旅行業におけるトラブルは、天候不順や交通機関の乱れなど、どうにもコントロールできない部分があるため、スキルやキャリアを積んでも発生するものです。

トラブルの電話は24時間入る可能性がありますし、なかにはモンスタークレーマーと思えてしまうお客さまもおられます。

だからでしょうか、若い人の中には、旅が好きで旅行業についたのに、トラブル対応に疲れてしまい転職してしまう人が少なくありません。旅行業に限らず、どんな仕事にも楽しい陽の部分があれば、きつく感じる陰の部分があります。
「旅行が好きだからこの仕事を選んだのに、時間外対応やクレームが多くて……」と陰の部分が大きく見え始めてしまう人は、仕事に対する理想、目標や期待が大き過ぎるのかもしれません。

私も若い頃は「営業成績を伸ばしたい」「仕事で評価されたい」と期待ばかりして、思い通りに物事が運ばないと落ち込んでいました。

何事でも、人間は期待していたものを下回る結果が現実として突きつけられると、ひどく落ち込むものでございます。

バセドウ病が治ったあたりから、私はハードルを下げると言いますか、ハードルを設けない、つまり目標や夢を設定したり、何かに期待することはやめました。

自分に負荷をかけ、高いハードルを乗り越えていくタイプの人もいるでしょう。

しかし私は、夢や目標を設定せず、小さなことにでも目の前にあるできることをコツコツと積み重ねていくほうが性に合っていたのです。

目標を持たずに生活し、仕事をするのは外道と考える方もいらっしゃると思いますが、私は目標を置かず、大きな期待をせず、身近なできることを淡々とやっていたほうが、物事が終わったときに良い結果が出ていたケースが圧倒的に多かったです。

この仕事で大切なことは、「お客さまに楽しんでいただけるエンターテインメントを提供すること」はもちろんですが、その前に「お客さまに安心・安全に旅行をしていただくこと」です。

日本のように安全で衛生的な環境、良好な治安でない海外ではとても強く思うことでございます。

突発的なトラブル対応、クレーム対応はキツイですが、基本的にあまり理想をもたず、期待せず、淡々と仕事するだけと考えておりまして、何とか7年ほど今の仕事を続けられている次第でございます。

今思い返してみると、バセドウ病で引きこもったどん底と思えるような経験があったからこそ、自分に期待して高い理想を持つことをやめ、毎日狭いキャンピングカーで寝起きし、屋外シャワーで入浴し、性に合わないニューヨークの都会暮らしに耐えてこられたのかもしれません。

ニューヨークはネズミ天国
地下鉄の駅にはチワワ大のネズミも

ニューヨークで何がいちばん驚いたかというと、ネズミの多さでした。

私がニューヨークに赴任したのは２０１７年12月。最初はバストイレ、キッチン共同の狭いシェアアパートで暮らしていたため、ネズミと対面することはございませんでした。部屋にキッチンがなかったことが幸いだったのでしょう。

ところが、ハーレム地区のボロアパートに引っ越した途端、ネズミと遭遇することになりました。

ニューヨークは冬がとても寒いので、ボロアパートでも比較的暖房がしっかりしております。アパートの各部屋は**セントラルヒーティング**[★25]でつながっているので、地下鉄の駅から凍えそうになりながら歩いて帰ってきても、玄関に一歩入れば暖を取れたのがありがたかったです。ところがこの暖房設備がネズミの通路になっていました。

★25　**セントラルヒーティング**
1か所に設置した装置から建物内の各部屋へ送り届ける、欧米では一般的な暖房設備。

最初は何の音かわかりませんでしたが、ある夜、ネズミが猛スピードで部屋を横切り、走り抜けていきました。臭いが出る食べ物を置いておくと、嗅ぎつけて出てくるのでございます。

ゴキブリも出ます。ゴキブリは日本と同じくらいの大きさですが、ネズミはびっくりするほど大きく、成長したハムスター、あるいは小さなウサギといった大きさです。

「30歳を過ぎた男ならネズミぐらいで騒がなくても」と思われるかもしれませんが、私はネズミが大の苦手。とりあえず何とかしなければと思い、Amazonでネズミ捕り器を購入いたしました。餌《えさ》をセットしておき、ネズミが餌に食いつくと挟まれるという昔ながらの形です。

無事にネズミを捕獲できたものの、トラップに挟まれてピクピクと動くネズミを自分でどうすることもできず、その後の対応は大家さんに頼むことにいたしました。

大家さんによると、ニューヨークは昔からネズミが多いことで有名だそうで、「業者に頼んで薬剤を撒いてもらうよ」と言ってくれました。

食べ歩きをするニューヨーカーや観光客が多いためにマンハッタンの街中は食べ物がかなり落ちていますし、レストランから出されるゴミも相当量なので、ニューヨークは「ネズミのビュッフェ」と呼ばれているそうでございます。それだけリッチな街？ということなのでしょうか。

アパートでネズミを見かけることにも少し慣れてきた頃、さらに驚くような光景を見ることになりました。

地下鉄のホームに立ちぼんやりと線路を見下ろしていると、何十匹というネズミが蠢《うごめ》いていました。しかも、そのネズミたちは驚くほど巨大で、チワワぐらいの大きさがあったのです。もちろん、そんな光景もニューヨークの人々には当たり前。誰も驚かずに忙しく歩いていきます。

日本で普通に暮らしていても、家の中でも街中でもネズミを見ることはまずありませんでした。ラスベガスでも、ロサンゼルスでもネズミを見たことはなかったのに、ニューヨークは犬よりも猫よりもネズミと遭遇する確率が高い。ネズミ嫌いにとってこれほど息苦しい街はありません。

しかしながら、コロナ禍は人類にとって苦しい時期でしたが、ニューヨークのネズミにも実は苦しい時期だったようです。

科学的なデータが出ており、コロナ禍においてはニューヨークのネズミの個体数が減少したそうです。要因はコロナ禍にレストランが休業となり、人間の出す生ゴミが減って、ネズミの食料源が断たれたためです。

ときどき、「芸能人の○○さんがニューヨークに移住！」みたいなネットニュースを目にしますが、私はまったく羨ましくありません。

お金のある方々のニューヨークでの生活は私なんかとはまったく違うと思いますが、私の経験した「閉鎖的で、狭くて、やかましくて、汚い街」で暮らすのは大変そうだなと思う次第でございます。

私は田舎育ちというのもありまして、都会は性に合いません。現在はラスベガス勤務ですが、もし万が一「もう一度ニューヨーク勤務」と言われたら、しがないサラリーマンで人事権などはまったくないのですが、一回はゴネさせていただいて、何とか再度の東海岸勤務は回避したいものでございます。

キラキラのないNY生活

ニューヨークで借りていたアパートは米国東海岸によくある様式の「ブラウンストーン」。大家さんが地下から2階まで住んでいて、3階と4階を細かく区分けしてアパートにしていました。大家さんは南アフリカ出身のおばあちゃんで10代のときニューヨークに留学してきて、そのまま住みついたそうです。年配の方なので、喋る英語がゆっくりめでネイティブではない私にとっては不動産の難しめな話でも意思疎通がしやすかったです。同じ建物に住んでいるせいで何か困ったことがあったときは私が呼ばれます（笑）。Wi-Fiの調子が悪い、プリンタでうまく印刷できないなど、世界中どこの国でもあるような話ですが、メカニカル的なことを若年者（私）が教えるのです。築100年前後のブラウンストーンですので、頻繁にあちこち壊れます。暖房が壊れた、停電する、シャワーのお湯が出ない、水漏れして下の部屋が濡れているなどです。そういったときは、大家さんがだいたい部屋のドアに対処法を書いておいてくれました。米国にはきれいに文字を書くといった文化がありません。ある日帰宅したら大家さん手書きの貼り紙が。「配管修理中なので、火曜日まで空き家となっている隣室のシャワーを使ってください」。ネイティブではない私にとっては、どんな米国の人の手書き文字も癖があるように感じ読みにくいのですが、写真の貼り紙はギリギリ読めました。文字の大きさを間違えて、だんだん小さくなっていってしまうのが面白いです。

第3章
コロナ禍でクビに！
結局なんとかなった

先の見えないときこそ これまでの運に感謝する

新型コロナウイルス感染症の拡大が深刻化し、ニューヨークでロックダウン（都市封鎖）が始まったのは、２０２０年3月22日でした。不要不急の外出禁止命令が出され、いつもは騒がしい街中は、食料品店や医療機関、郵便局などの公共機関以外はシャッターが降り、ゴーストタウンのようになっていました。

前年の末、中国で悪い風邪が流行《はや》っているという噂《うわさ》がありました。それが新型のウイルスだと私が認識したのは、2月に日本で起こった**大型クルーズ船の集団感染**★26がきっかけでした。クルーズ船は横浜港に停泊中で、神奈川県に住む私の両親から日本の混乱状況を聞き、それまでは対岸の火事と考えておりましたが、旅行業に身を置いているこどもあり、「これはヤバイかもしれない」と不安が過《よぎ》りました。

★26 大型クルーズ船の集団感染
2020年1月20日、横浜港を出発した大型クルーズ船ダイヤモンドプリンセス号は、鹿児島、香港、ベトナム、台湾、沖縄に立ち寄り、2月3日に横浜港に帰港。航行中の1月25日に香港で下船した乗客が咳を認め、1月30日に発熱、2月1日に新型コロナウイルス陽性であることが確認された。日本政府は2月3日に横浜港に入港したクルーズ船の乗員乗客の下船を許可せず、14日間船内での隔離となった。

感染はあっという間に世界中に広がり、米国で初めての新型コロナウイルス感染による死亡者が出たのが２月29日です。

そして４月には、感染者・死亡者ともに米国が世界一になっていました。

とくにニューヨークの感染被害は深刻で、１日の死亡者が７００人、８００人という状態になり、セントラルパークにはいくつものテントが建てられて野戦病院のような有様でした。

そんな中で、普段でさえ大変だった食料品の調達が、さらに困難を極めるようになりました。

スーパーマーケットの前には、感染防止のために人々が１・８ｍ間隔で並び、その行列は数百メートルも続き、入店するのに１時間近くかかることも常でした。

私は楽観的なタイプの人間ですので、新型のウイルスも新種の風邪と同じようなものと考えていて、感染することはあまり怖くありませんでした。ただ、街にはどんよりと落ち込んだ雰囲気が充満していて、それが恐ろしかったです。

ブロードウェイのミュージカル劇場が閉鎖され、美術館などの観光施設やホテルも閉鎖され、3月後半以降のツアーは中止。仕事はゼロになりました。

ホテルや航空会社では従業員が解雇され、気がつけば、私が勤務する会社の人員もあっという間に半分ほどに減ってしまいました。


米国には大量の失業者が溢《あふ》れ、私もいつ解雇されてもおかしくない状態だったと思います。ニューヨーク支店は私一人だけだったからか、就労ビザの都合なのか、詳しくはわかりませんが、すぐには解雇されずに済みました。

が……、私より社歴の古い、お世話になった先輩が自分より先に会社を離れていくのに接すると心が痛かったです。

自分の命を危険にさらしながら闘っている医療従事者の方々やコロナで大切な人を失われた方がたくさんいる中で、私如きが「大変だった」とか「心が痛かった」と軽々と口にしてはいけませんが、誰にとっても先の見えないトンネルに入ってしまったような時期でございました。

失業者が一気に増え、経済的にもダメージを受けていた米国では、政府の景気刺激策として現金給付が行われました。

日本でも一律10万円の特別定額給付金があったそうですが、米国では2020年4月に1200ドル、2020年12月に1400ドル、2021年3月に600ドルの3回の給付があり、合計すると3200ドル（40万円程度）と、かなりの額でございました。

ただし、日本のように一律ではなく、年収7万5000ドル（約1000万円）以上の平均を上回る個人所得者は除外です。

外国人であっても、米国に税金を納めていれば給付対象ですので、私も給付金を3回いただくことができました。

パンデミックは想像もしなかった最悪の事態ですが、そんな中でも解雇もされず、給付金も貰って生活できている自分は、「運が良い」のだと思います。

米国に来て自分でも変わったと思うのは、「運の良さに感謝できるようになったこと」かもしれません。

物事に感謝できるようになると、ポジティブ思考になるのかもしれませんが、パンデミックになっても「転職しようか」と悩んだり、「この先どうしよう」と落ち込むことはあまりありませんでした。

先のことを悩んでも仕方がないので、「目の前のことに集中しよう」と努めておりますと、「解雇された後のことは、解雇されてから考えればいい」と楽観できるようになるのかもしれません。見る人から見ればバカの考えに映るかもしれませんが、そう思っていたら無駄に消耗することもありませんでした。

とはいえ、仕事をせずに遊んでいるわけにもいきません。会社としても何か手を打たなければならないということで、2020年9月、社員それぞれがアイデアを出すことになりました。

ロックダウンは続いており、医療崩壊が叫ばれながらワクチン開発は年内に間に合うかどうかという状況で、ニューヨーク観光が再開できる目処《めど》はまったく立っていませんでした。アイデアなど何も思いつかなかった私が、仕方がなく、やみくもに絞り出した案が「YouTubeやります」でした。

旅行会社ですから、コロナ禍が明けてきたときに旅行需要の喚起になるような動画を作りましょうと提案し、あわよくば、YouTubeを収益化できればいいなとセコイことを考えたのでございます。

お堅めの会社であればYouTubeを許さないこともあるでしょうが、緩慢なこの提案を会社側が受け入れてくれたことで、私はYouTubeに動画投稿をすることになりました。

最初の投稿は2020年10月。動画編集の経験は皆無でしたが、本業の旅行の仕事がなく、時間だけが有り余っておりましたので、「何とかなるだろう」という軽い気持ちで、10月に動画撮影の旅に出かけました。

ドライブと旅が好きで、パソコンをいじって細かい作業をするのが苦にならないこともあり、動画制作は自分に合っているように思えました。今では、動画制作が自分のモチベーションアップにつながる趣味になっています。

「瓢簞《ひょうたん》から駒《こま》」ではありませんが、「やってみたら自分に合っていた」ということもあるわけです。そういうものに出合えたことも、運が良かったのだと思います。

リストラされ、さよならNY
ファーストクラスで帰国する

2021年8月、とうとう私はインターン時代から5年間勤めた会社から解雇されました。

ウイルスパンデミックによって仕事がなくなってしまったにもかかわらず、1年半も解雇されることもなく、雇用していただいた会社ならびに上司の方には感謝しかありません。

その上、会社側から、「パンデミックが終息して仕事が元に戻ったら、呼び戻すかもしれない」と言ってもらったことも励みになり、解雇で落ち込むということはまったくありませんでした。

それと、パンデミックになってからは日本にいる両親も心配していましたので、このときの帰国はちょうどいいタイミングだったのかもしれません。

5年前、インターンとして米国に来たときは、スーツケース２つだったのに、今や荷物は10倍ぐらいに膨れ上がっていました。いつ異動があるか分からない在米生活でございましたので、極力新しいものは買わない、家財道具を増やさないように心がけていましたが、気づかないうちに増えてしまっていたようです。

船便で送る段ボール箱は5箱。１箱25kgまでで料金は１４０ドル。日本までの所要時間は55~90日。

西海岸に比べ、東海岸のほうが料金も日数もかかります。単身なので5箱で済んでいますが、家族で引っ越す場合は本当に大変です。

家具は置いていってOKなアパートなので助かりましたが、帰国前にしなければいけないことは山積みです。

まずは、月に50ドルほど払っていたWｉ－Fｉの解約。不要なクレジットカードの解約もしなければなりません。

クレジットカード会社に連絡を入れるとオペレーターが出るまでに時間がかかり、解約理由を聞かれ、「さまざまな特典をつけるので何とか更新をしてくれないか」という話が延々続きます。つまり、引き留めにあいます。

入会ボーナスを目当てにカードの入会・解約を繰り返して常時15枚以上保持している私は、このとき5枚ほど解約し、残りは次の年会費支払いが来る更新時期の前を見計らって、日本帰国後に解約していくことにいたしました。

ポイント欲しさにクレジットカードなどの金融商品をいくつも作ると、こうした海外引っ越しのときなどに大変なことになるということがよくわかりました。

諸々の解約作業が終わったら、コーヒーメーカーやトースターなどの台所用品を捨て、家中の洗濯物をかき集めてコインランドリーへ。何往復したか覚えておりませんが、洗濯が終わったらいよいよパッキングです。

インターンとして入国したときは、東京からラスベガスまではヨーロッパ回りの激安チケットで約8万円でした。

でも今回は、5年ぶりの帰国で、YouTubeのネタにしようと思い**JFK空港**[★27]からJALのファーストクラスを利用することにいたしました。

★27 **JFK空港**
正式名称は、ジョン・F・ケネディ国際空港。アメリカで最も混雑した空港。略称JFK空港。旧名アイドルワイルド空港。

ファーストクラスを選んだのは、荷物を3つまで預けられるということも理由の一つでした。1個目のスーツケースに私物を入れ、2個目に家族へのお土産を入れたらもうパンパン。溢れた荷物をキャリーオンタイプのバッグに詰めましたがまだ入らない荷物があり、ニューヨークにいる知人に一時預かりをお願いするというバタバタした帰国でございました。

ファーストクラスのチケットを現金で購入すると、ニューヨーク－東京は当時の金額で片道1万6000ドル。当時のレートで日本円に換算すると、片道約180万円！でございます。エコノミーやビジネスクラスと違ってファーストクラスは往復割引などがございませんので、私のような庶民にとっては、現金購入はハードルが高くてとても手が出せません。と言うか、無理です。

では、どうやって180万円もするチケットを購入したのかと言いますと、貯まったマイルを使い、特典航空券という形で購入いたしました。

2021年当時、JAL運航便のニューヨーク－東京片道に必要なマイル数（アメリカン航空のマイレージプログラム利用）は、エコノミークラスで3万5000、ビジネスクラスで6万、ファーストクラス8万マイルでした。

普段は仕事の出張もなく、さほど飛行機に乗らない私がどうやってマイルを貯めたかと言いますと、クレジットカードの入会ボーナスです。

日本に比べ、米国はクレジットカードの入会ボーナスが桁外れ。年会費が100ドル以下のクレカを1枚発行すると、少なくとも6万マイルはもらえます。

ということは、カードを2枚作ればニューヨーク－東京間をファーストクラスで旅できますし、ビジネスクラスなら往復できるということです。

特典航空券利用のために私が支払ったのは、諸税費の5・6ドル（約700円）だけ。クレジットカード2枚分の年会費、約200ドル（約2万5000円）で180万円のファーストクラスに乗ったことになります。

コロナ禍ということもあり、ファーストクラスの利用客は少ないようでした。機内でリラックスをしていると、「本日はシートが空いておりますので、隣のシートをべッドとしてお使いになってはいかがでしょう」とご提案いただき、ファーストクラスで2シートを使ってしまうという最上の贅沢をさせてもらうことになりました。

広々としたシートの心地よさもさることながら、細やかなサービスとお食事が素晴らしく、コロナ禍の失業者である私にとっては身に余るような体験でございました。

ＪＡＬの国際線ファーストクラスでいただけるシャンパンといえば、「**サロン**★28」が有名ですが、日本発のフライト限定ですので、このときは海外発で評判の良い「**クリスタル**★29」をいただきました。

普通に購入しようとすると、1本３００ドル以上はするでしょうか。久しぶりにいただいた美味しい和食によく合い、1本空けてしまいました。

我慢ガマンのニューヨーク勤務でしたが、最後に素晴らしい経験をさせてもらいました。

★28　**サロン**
シャンパンの中でも単一の品種（シャルドネ）で作られ、最低でも8年以上の瓶内熟成が行われることで知られる最高級シャンパン。上質なブドウが収穫された年にのみ作られるため、創業から１００年余りで40ヴィンテージしかない、幻のシャンパン。

★29　**クリスタル**
黄金に輝くことから「クリスタル」と名付けられたシャンパンで、シャルドネの爽やかさとピノ・ノアールのまろやかさが味わえる。ロシア皇帝アレクサンドル2世の要望により誕生した世界最高峰シャンパンとして知られている。

35歳からの転職は難しい!?日本で転職サイトに登録してみる

5年ぶりに日本に戻りしみじみ感じたのは、日本は街がきれいで安全で、食事が美味しいこと。そして、母国語で話すことができるありがたさでした。

ニューヨークのように至るところにゴミが落ちていることはありませんし、ネズミもいませんし、悪臭もしません。卵もフルーツもお寿司も、本来はこんなに美味しかったのかと驚くことの連続です。

日本とは衛生管理のレベルが比較にならないので仕方がありませんが、卵好きの私は、本当に米国の卵は美味しくないと思いながら過ごしておりました。

「海外では卵に菌がついていることがあるから生卵は食べないほうがいい」という話は聞くことがあると思いますが、米国も同じです。ですので、日本で子どもの頃からよく食べていた「卵かけご飯」は在米中ずっと我慢をしておりました。

卵そのものだけでなく、卵製品も総じて美味しくありません。米国の卵は味が薄い印象でして、スクランブルエッグなどは卵に水を入れて薄めたもので作ったのかと思ってしまうほどです。

だからと言って、米国の食べ物がすべて不味《まず》いわけではありません。ハンバーガーやステーキ、ピザ、アイスクリームなど、いかにも米国っぽいと連想できるものは、やはり本場のほうが美味しい気がいたします。

生活するには圧倒的に日本のほうが暮らしやすいですし、私のように30歳近くになって英語の勉強を始めた人間にとっては、他言語を使って生活するのは不自由なことなので、日本にいれば余計なストレスもありません。でも、仕事をする上で日本と米国のどちらがいいかというと、難しいところでございます。

日本に戻った２０２１年9月は、まだ厳しいコロナ対策が行われていた時期でした。「日本では屋外でもマスクをしている」と聞いていたので、情報が誇張されているのかと思っていましたが、いざ帰ってみると本当に全員が全員マスクをされていたので衛生意識の高さに驚きました。

ところ変われば状況がまったく違うもので、私が2020年に訪れた米国中西部のとある州ではすでに屋内屋外問わず、ほとんどの人がマスクをしていませんでした。コロナが広まった2020年からそうした光景を目《ま》の当たりにしていたせいで私も気が緩んでいたのだと思います。

私のYouTubeチャンネルで、過去いちばん再生されたJALファーストクラスに搭乗したときの動画をご覧になった視聴者の方から、「マスクの着け方が甘い」とお叱《しか》りコメントを頂戴いたしました。その節は申し訳ございませんでした。

米国でも、法律やルールでマスク着用が決められている期間は、皆さんきちんと着用していました。でも、着用期間が終われば着けない人がほとんどで、「着けたい人は自由にどうぞ」といった雰囲気。社会の同調圧力はなかったように思います。

マスクを例にとりましたが、日本は皆が皆同じ方向を向くのが好まれ、異端には極端に厳しい風潮があるように思います。

それが良いとか悪いとか、遅れているとかいうことは思いませんが、私はそういう社会が少し苦手でございます。

しかしこの段階で、日本の風土が苦手だのと言っている場合ではありません。ウイルスパンデミックによって米国で２０２１年に解雇された私は、35歳の無職です。「呼び戻すかもしれない」とは言われましたが、確約ではありません。不法滞在になってしまいますし、日本で職探しをしなければならないのです。

思い起こしてみれば、インターン制度を利用して米国に行きましたのも、「履歴書に米国勤務経験を書くことができれば、転職するときに有利かもしれない」というセコイ考えからでございました。

２０１６年8月からラスベガスでインターン、２０１７年8月に正社員となり、ロサンゼルス勤務を経て、２０１７年12月からニューヨーク勤務約４年と、いつの間にか履歴書に書けることが増えていました。

それならば、この履歴がどのように評価されるのか、テレビCMでよく見る転職サイトに登録をしてみようと重い腰を上げたのは、２０２２年の1月。

「35歳以上の転職は厳しい」という話はよく聞きますが、すでに私は36歳を迎えておりました。

日本で働くか、米国で働くか

２０２２年1月、私は転職サイトに登録して履歴書を提出し、転職アドバイザーの方から「35歳を過ぎていても大丈夫です。多くの方が転職を成功させています」と励まされながら、転職活動をスタートすることとなりました。

書類選考に通りやすい履歴書や職務経歴書の書き方をアドバイスしていただき、職務履歴を書き、添削をしてもらい、また書き直してというのは結構大変な作業でございました。しかしそのおかげで、旅行業に限らず、商社や語学を活かせる会社からもオファーをいただくことができました。

口下手な私といたしましては、営業以外の仕事であれば、どんな仕事でもいいと考えておりました。ところが、そろそろ採用試験を受けてみようと考えていた２０２２年3月、突然、もともと所属していた米国の会社から連絡があったのです。

「ラスベガス支店で復職しないか」という連絡でございます。〝突然〟というワードをここまで何度使ったかわかりませんが、うちの会社はいつでも突然です。

万が一、復職のオファーがあるとしても、日本人の海外旅行需要が戻る1、2年先になるだろうと考えていたので、こんなに早く「日本で働くか、米国で働くか」の決断をすることになるとは思ってもいませんでした。

ただ、選択肢が増えたのはありがたいことでした。

米国の旅行業界で働いている場合、転職先はほぼ旅行商品の企画・実施を行う旅行業です。中には、取引があるホテル業や車両会社などからヘッドハンティングされて転職するケースもございますが、ホスピタリティ業界以外の異業種への転職はほとんどありません。

エンジニアや金融関係、マーケティング関係の仕事をしている人は、専門スキルを積み上げることでさまざまな企業への転職が可能ですが、旅行業には異業種で活かせる専門的なスキルがあまりない、というのが実情でございます。

そういうわけですから、日本で転職すれば、新しい業界でキャリアを広げられるかもしれません。年を重ねた両親、家族の近くで暮らすこともできます。

一方で、米国で前の会社に戻れば、仕事もある程度わかっていて、会社の風土は合っている。ということが考えられます。

ただし、こういう考え方もできます。

日本で新しい会社に転職すれば、仕事を一から覚え、人間関係も一から作ることになる。

米国で前の会社に再就職すれば、賃金の低い旅行業。加えて日本は、人口と国力が減少傾向にあり、日本人相手の旅行業は衰退産業となるかもしれない。

いろいろ考えましたが、ぐうたらで将来を考えない私といたしましては「今、楽しく仕事ができそうな」後者が好ましく、さらに2022年3月の段階では32年ぶりの大幅円安が進行していたこともあり、米国で復職しても円換算すれば、日本でそれなりの企業に就職するのと給与面はあまり変わらないと考えるようになりました。

また、時を同じくして予期せずYouTubeがバズり、米国暮らしのほうが動画配信ネタを作りやすいかも、という小賢《こざか》しい考えも復職を後押しいたしました。

米国でもYouTubeやＳＮＳが炎上して訴訟問題になると困るため、社員が副業としてネット配信を行うことを禁止している企業はあるのですが、幸い、私がもともといた会社は自由と言いますかラフな風土の会社でして、YouTubeを続けてＯＫということでした。

- **1年以上続けてきたYouTubeがバズって、ちょうど動画制作が面白くなってきたところだったので、YouTubeは続けたい。**
- **旅行系の動画を撮るなら、米国で仕事をするほうがマイルを貯めやすい。**
- **ラスベガスにいる先輩たちの誘いもある。**

そんなわけで、私は再び米国で働くことを決めました。

母を、日光の「ザ・リッツ・カールトン」に連れて行ってみた

ウイルスパンデミックで2021年8月に米国の会社を一旦解雇された私は、2022年5月に復職することになりました。

仕事が決まってほっといたしましたが、日本で過ごせるのも残りわずかになり、これまでお世話になった人にお礼をしておこうと思い立ちました。

3月は白馬へ。私、学生時代はスキーに打ち込んでおりまして、毎シーズン白馬五竜のスキー宿でアルバイトをしながら、滑っておりました。

それだけではなく、私が20代半ばで病気をいたしまして、冬だけ働く季節労働者になったときに仕事をさせていただいていたのも、このスキー宿でございます。あのときに仕事をして世間とつながっていなければ、私はどん底ニートから抜け出せなかっ

たかもしれません。

今回も宿の掃除をお手伝いする代わりに、バイト部屋に宿泊費なしで泊めていただき、スキーもたっぷり楽しむことができました。

宿の名物、巨大な五右衛門《ごえもん》風呂にも入らせていただくことができ、YouTube動画にもできまして、ケチで温泉好きな私といたしましては本当にありがたい限りでございました。

２０２２年４月は、母と日光へ１泊２日の旅をいたしました。

実を言いますと、母は、私が米国で暮らすことに以前から反対をしておりまして、同じ会社に復職してラスベガスに行く旨を伝えましたところ、大泣きをされてしまいました。

不肖《ふしょう》の息子といたしましては、渡米前に親孝行らしきことをしておこうと、母を旅行に誘ってみたのでございます。宿泊先は「**ザ・リッツ・カールトン日光**★30」なのですが、そのことは伝えず、ただ日光へ行くとだけ言っておきました。

★30　ザ・リッツ・カールトン日光
日光市の中禅寺湖そばに位置する５つ星ホテル。男体山の雄大な景色を見渡せる。シーズンによっては１泊10万円を超えるため、ポイント宿泊は非常にお得。

私は米国で旅行会社に籍を置いておりますため、米国内の「ザ・リッツ・カールトン」に行くことはときどきございます。

ただしそれは、お客さまがお泊まりになるときのチェックインアシスト業務などが中心で、あくまで仕事。

プライベートであの名門ホテル「ザ・リッツ・カールトン」に宿泊するのは、私にとっても人生の一大イベントでございます。


4月初旬の日光は、桜はまだ蕾《つぼみ》で残雪《ざんせつ》を撫《な》でる風が冷たかったです。

ホテルへ向かう途中、いろは坂のヘアピンカーブで車が大きく左右に揺れるのもお構いなしに、母は熟睡しておりました。

YouTube動画の材料を撮影しながら、内心爪を研ぐ思いで母の反応を楽しみにしておりますと、ホテルの名前が見えた途端、覚醒した母が、「リッツ・カールトンじゃん!!　早く言ってよ~、自慢したかった~」と叫び、その後は意味不明の言葉が続きました。誰に自慢するんだという感じなのですが、喜んでもらえて良かったです。

今回は、米国発行マリオットホテルグループのクレジットカードを作った際に貰った無料宿泊券を使うことにいたしました。

8万5000ポイントまで利用できるのですが、私が予約したときは、6万ポイントで宿泊できるいちばんグレードが低いガーデンビュータイプのお部屋しか空いておりませんでした。

2万5000ポイントも残してしまうのはもったいない気もいたしましたが、そんな細かいことを考えていると、独り身の私は無料宿泊券を使う機会を逃して期限切れになってしまいます。

思い切って使ってみたところ、チェックインしたときにはホテル側のご厚意でお部屋のタイプが一段階アップグレードされておりました。

ちなみに、私たちが宿泊いたしました中禅寺《ちゅうぜんじ》湖ビューのダブルベッドルームを現金で支払いますと、シーズンによって1泊10万円を超えます。無料宿泊券がなければ、失業中で貧乏性の私にはとても宿泊はできません。

ハイレベルなお値段だけあって、四季折々の景色が楽しめる源泉掛け流しの露天風呂は異次元の素晴らしさ。水風呂やサウナもある大浴場は母も気に入り、何度も利用させてもらいました。

地元の食材を使っているというホテル内のレストラン、「レークハウス」での夕食、それから朝食も大変美味しかったです。

無料で非日常なホテルを体験させていただいた後は、中禅寺湖から戦場ヶ原、奥日光へとドライブを楽しみ、帰りに日光東照宮にお参りして帰ってまいりました。思い出に残る旅になりました。

4月は、母と妹と一緒に、白馬にある「**コートヤード・バイ・マリオット 白馬**[★31]」に1泊いたしました。こちらは、リッチな雰囲気を楽しむというよりスキーや登山を楽しむときに使うとよさそうなカジュアルなホテルです。

このときもマリオットのクレジットカードを作った際に貰った無料宿泊券を使いましたので、宿泊費は無料です。

最終的なお会計は、3人分の入湯税と食事代だけで1万4180円で済みました。

★31 **コートヤード・バイ・マリオット 白馬**
雄大な北アルプスの山々に囲まれた国内屈指のマウンテンリゾート。冬には豊富なパウダースノーを楽しめるため、ウィンタースポーツ愛好家が集う。

「欧米よりも、日本はじめアジアのサービスのほうが品質が高い」。これは、航空会社やホテルのサービスに関してよく言われることでございます。

実際に私もそう思っておりますので、米国で貯めたポイントやマイルは、日本で使いたいというのが私の本音でございます。

以前、両親を米国に呼ぶときにセコセコと貯めたマイルで、ＪＡＬのファーストクラスチケットをプレゼントしたことがありました。

そのときもアメリカン航空のファーストクラスではなく、あえて日本の航空会社を選択したのは、機内での食事も日本人の好みに合っていますし、サービスにも細やかさが感じられるからです。

日光・白馬旅行とも現金での支払いとならず恐縮ですが、病気をしたり、無職になったり、家族には心配ばかりかけ、インターン渡米時には金銭援助も受けておりますので、これからも貯まったポイントを使って、家族に喜んでもらえる使い方をしてわずかでも恩を返していければと思っております。

一度はクビになったけれど、なんとかなった。復職してラスベガス

2022年5月の復職が決まってから渡米までは1か月ほどしか時間がなかったのですが、引っ越しに向けてやることはとくになく、ラスベガスまでの航空券を発券したのは出発5日前で、荷造りを開始したのが出発2日前でした。

米国で転々と引っ越した経験が活きて、フットワーク軽くすぐに移動できる人間に鍛えられたのかもしれませんが、航空券の準備などがギリギリになるのは、実はセコセコと貯めたマイルを使っているからでございます。

航空券は基本的に現金で購入される方が優先され、マイル発券できる座席枠は制限されていますが、ファーストクラスやビジネスクラスは予約状況に余裕があれば直前になってマイル発券に開放されてきます。

このときは、ファーストクラスの発券開放が出発5日前。運良く、そして贅沢にも東京からニューヨークまでのＪＡＬのファーストクラスを利用することができたのですが、ファーストクラスにこだわったのは、理由がございます。

ニューヨークから日本に帰国する際にもＪＡＬのファーストクラスを利用しており、そのときの様子を今までよりも丁寧に編集してYouTubeにアップしたところ、突然動画がバズり、再生回数は当時すでに１００万回超えとなっておりました。

今回は二匹目のドジョウを狙い、その逆コース（東京―ニューヨーク）の動画を撮影し、よりブラッシュアップした編集をしてみたいと考えていたのでございます。

また、ファーストクラスを利用すると「東京―ニューヨーク―ロサンゼルス」の2区間が、「東京―ニューヨーク」のマイル数で発券できるという特典もあり、ラスベガスへ赴任する私にとっては好都合だったのです。

ちなみに、YouTubeにアップした私の動画を観ると、ビジネスクラスやファーストクラスばかりに乗っているように見えますが、これは動画用。会社の出張などは基本エコノミーでして、上位クラスに乗るのは稀《まれ》でございます。

羽田空港のＪＡＬファーストクラスラウンジの目玉は、目の前で職人さんが握ってくれるお寿司です。こちらのラウンジとＪＡＬの機内で美味しい日本食をいただいたら、その後しばらくはあまり美味しくない「アメ食」になってしまいますので、ラウンジでは握り寿司と和御膳をいただきました。

機内では、ＪＡＬの国際線ファーストクラスの中でも日本発のフライト限定の最高級シャンパン「サロン」とともに、和食のフルコースを堪能させていただきました。美味しかったです。

空に霞《かすみ》がかかることが多い4月ですが、この日は快晴。富士山がとてもきれいに見え、これから米国で新生活を始めるにあたり、何か縁起がいい気がいたしました。

富士山を見るとこんな感想をもってしまうのは、初夢でいちばん縁起がいいのが富士山だからでしょうか。さらに、離陸時にイーグルが飛んでいるのを見て、機内食に茄子が出てきたら完璧でしたが、さすがにそれはありませんでした。

そんなことを考えながら富士山を眺めていると、自分はどれだけ長く異国に住もうがやはり日本人だなと感じるとともに、故郷を離れる寂しさも感じておりました。

ニューヨークではパンデミックも落ち着き、すっかり観光客が戻っておりました。ニューヨークで所用を済ませ、数日後、赴任地のラスベガスへ。

直行便にすればラクでしたが、ロサンゼルス支店に立ち寄ることにいたしましたので、朝3時に起きて6時発のアメリカン航空に乗り、ロサンゼルスへ。フライトに6時間かかりますが、ロサンゼルスに到着したのは朝の9時。東海岸と西海岸では時差が3時間ありますので、東から西に移動すると1日が3時間長くなります。

3時間なんて誤差と思われるかもしれませんが、3時間の時差はかなり体にこたえます。ですので、私は米国横断を必要とする出張は嫌いです。

ロサンゼルス到着後はレンタカーを借り、支店の同僚とランチをしてから、午後2時にラスベガスに向けて運転再開というハードなスケジュールになりました。

ラスベガスまでは途中混雑があっても5時間あれば到着しますが、この日は早朝から移動をしておりましたので、途中1時間ほど仮眠を取り、到着したのは夜の8時。キラキラ輝くラスベガスの街が、私を迎えてくれました。

NASAの調査によると、夜の様子を宇宙から見たときに、地球上でいちばん明るいのが、眠らない街、ラスベガスだそうです。

カジノの街という印象がありますが、巨大なホテルがいくつもあり、膨大な部屋数を提供できることを活かしたコンベンションシティーでもあります。毎年1月には世界最大の**コンベンションCES**[★32]（Consumer Electronics Show）が行われ、その他数々のイベントが開催される街でございます。

また、私が以前住んでいた6年前にはなかったホテルやスタジアムが次々にオープンしておりまして、2023年11月にF1ラスベガスグランプリ、2024年2月にはNFLスーパーボウルと一大イベントが続きます。

とくにF1は、専用サーキットではなく街のメインストリートであるラスベガス・ストリップを使用した公道サーキットで行われるため、ラスベガスの歴史上最大のイベントとなる予定で、街そのものが様変わりするはずです。

当然ですがF1開催期間中はホテル価格が高騰しております。最低3泊4日以上で、購入後一切返金なし。スタンドのチケットとのパッケージ予約のみで、1泊

★32 コンベンションCES 毎年1月に開催される世界最大級のテック展示会。業界向けの見本市のため、一般への公開はされていないが、PCやゲーム機器など試作品を含む多くの新製品が出品される。

3000ドル（約40万円）以上が当たり前と、私のような一般庶民からすると到底手の届かない金額になっております。もしモータースポーツファンの方がいらっしゃいましたら、ぜひとも観戦にお越しくださいませ。

私自身もこの6年でさまざまな経験をし、ずいぶん変わりました。

インターン時代は毎日が精一杯で、ラスベガスからすぐのグランドキャニオンやイエローストーンの大自然を味わうことができませんでした。

復職したらすぐに行きたいと思っていたのですが、ちょうどコロナ禍が明け、渡航需要が戻って本業が忙しくなり始めたことで、復職して1年が過ぎてもまだ行けずにおります。

でも、仕事があるということは、本当にありがたいことでございます。

独身で、恋人も友だちもいなくて基本一人。美味しい日本食を食べられる機会はほとんどありません。米国の平均所得より随分と稼ぎの少ない底辺駐在員でございますが、それでもなんとか、1日1日が有意義なものになるよう毎日を過ごしております。

Column3

これまで住んだ部屋の間取り図

2016年8月～2017年5月
ラスベガス

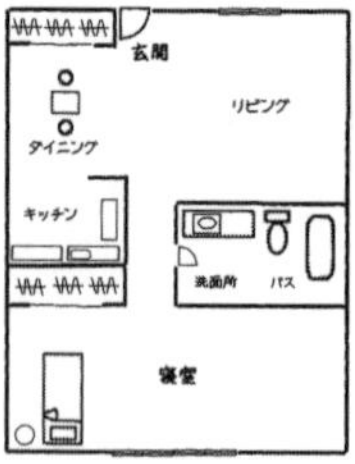

約55平方メートル
家賃 $740/月
1 Bed Room（1LDK）

2017年5月～2017年12月
ロサンゼルス

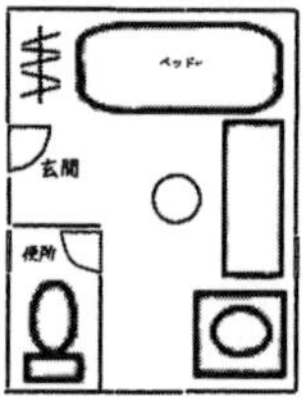

約8平方メートル
家賃 $550/月
キャンピングカー（車）

2017年12月～2021年8月
ニューヨーク

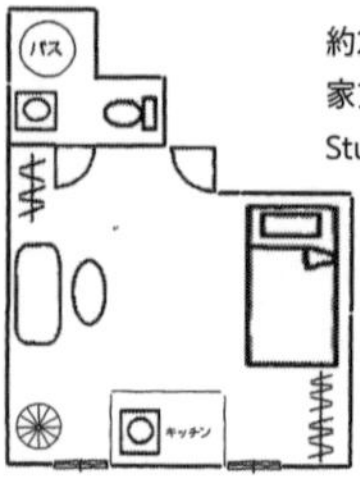

約20平方メートル
家賃 $1,650/月
Studio（1ルーム）

2022年4月～現在
ラスベガス

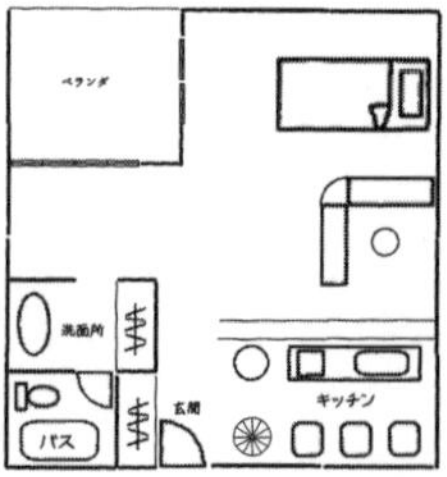

約45平方メートル
家賃 $935/月
Studio（1ルーム）

あいにく写真が残っておりませんでしたので、記憶を辿って間取りを描いてみました。コロナ禍以降の記録的な物価上昇もあり、やや比較が難しいですが、それでもニューヨークの家賃がいかに高いかは一目瞭然でございます。敷金・礼金はなく、水道代込みの家賃であることが日本との大きな違いかと思います。

第4章
アメリカで学んだ節約暮らし

アメリカの賃貸住宅は安いほどスリリング

ネバダ州のラスベガスは、言わずと知れた観光地です。

カジノがあり、ラスベガスを舞台にしたギャング映画などもあるせいか治安が悪いイメージを抱いてしまいますが、カジノがあるからこそ、ギャンブルの負のイメージを払拭しようと治安面には力をいれており、全米でも有数の物価が安く安全な都市として知られています。

そのため、給料の少ないインターン生活をスタートする場所としては最適な場所だったと思います。

米国では、ダウンタウンから少し離れたエリアのほうが治安が良く、ダウンタウンに近いほうが危険ですが、安いアパートがあるので、インターンとして赴任する前に、不動産会社のサイトを見て物件と家賃をチェックしておきました。

渡米後は1週間ほどホテルに泊まってアパート探し。

実は私、大学時代は自宅から通学し、社会人になってからは会社の寮で暮らし、2年で会社を辞めてからは半ば自宅に引きこもり、フロリダに語学留学したときはホームステイでしたので、アパート探しはラスベガスが初体験でございました。

2015年にラスベガスで最初に借りたのは、約55平米のアパートで月740ドル（当時8万円）。しかし、家賃は毎年上がり、物価も上がります。

2022年にラスベガスに戻って来た際に調べてみると、そのアパートの家賃は月1400ドル（約20万円）まで値上がりしておりました。

ただ、ニューヨークやサンフランシスコで同じような広さを望むなら、立地にもよりますが最低でも月3000ドル（約45万円）以上になると思いますので、砂漠に囲まれたラスベガスはまだまだマシでございます。

アメリカでは、家賃を払わずに突然引っ越ししてしまう人も多いらしく、アパートを借りる場合は契約期間7か月以上からが基本で、家賃1か月分を補償金として入れておくのがルールになっております。

日本のような敷金、礼金はございません。

契約期間が長いほど家賃は下がるため、私は1年契約にしておりますが、更新の時期に毎年値上がりします。今住んでいる45平米のワンルームアパートは、2022年に月900ドルで契約し、今年の契約では月935ドルにアップいたしました。


また、米国の一戸建て住宅では水道代を別途支払いますが、賃貸物件は水道代が賃貸料に含まれていることが一般的です。

水道代の支払いがないのはラクで良いのですが、どれだけ使っても同額のため節水意識が薄くなるのでこの制度はどうなのかな?と思ってしまいます。

水道水は飲めないことはないのですが、飲み水は皆さん購入しております。


夏の暑さが厳しいラスベガスでは、基本的に6~9月の4か月間は24時間家のエアコンが点けっぱなしになります。私の45平米のワンルームアパートの電気代は、夏で約90ドル(約1万3000円)、春秋が約40ドル(約5500円)です。

自宅から出るゴミの扱いに関しては、州によって、あるいは一軒家か集合住宅かで異なりますが、ラスベガスの安アパートではゴミを分別いたしません。

生ゴミ、ペットボトル、缶、粗大ゴミだろうが何でもかんでも一緒くたでOK。冷蔵庫でもソファでも普通ゴミに入れておくと、巨大なゴミ回収車がやって来て片付けてくれます。一般人が出す廃棄物で、自動車以外なら何でも、同じ場所に捨てておける雰囲気でございます。

私が住んでいるような、ゴミの分別がなくて、駐車場に屋根が無い集合住宅は、大体安アパートで、治安の良くないエリアに多いです。

夏は連日気温45℃が続くラスベガスの場合、駐車場に屋根がないのはキツイのですが、私、家賃予算は月1000ドル（約14万5000円）以内と考えておりますので仕方がありません。

ロサンゼルスで暮らしていたキャンピングカーは集合住宅でもなく、一軒家でもなく不思議な立ち位置ですが、基本的に私は米国で一軒家に住んだ経験はなく、賃貸の集合住宅暮らしです。

そして、治安面に不安のないエリアに住んだ経験もありませんが、同じアパートの住人が逮捕されているのは何度も見ています。

現在ラスベガスで住んでいるアパートでは、ついこの間、昼間に容姿30歳前後の女性が手錠をされ、ポリスに連れて行かれていました。

容疑はわかりませんが、容姿が不健康にやせ細り荒んでいたのでドラッグか何かではないかと勝手に思っております。

ニューヨークの**ハーレムのアパート**[★33]に住んでいたときは、とある早朝、階下から突然男たちの野太い怒号と破壊音が聞こえてきたことがありました。

そのとき私は怖くて家の中に閉じこもっておりましたが、怒号が落ち着いた数時間後に様子を窺いに階段を降りてみると、入口のドアが破壊され、何かがあっただろう部屋の中がぐちゃぐちゃに荒れていました。

後日聞いたところによると、ポリスが強行突入して住んでいた年配の男性を連れて行ったそうです。容疑は詳しくわかりませんでしたが、その男が戻ってくることは二度とありませんでした。

★33 **ハーレムのアパート**
ニューヨークが舞台の映画に頻繁に登場する玄関が共同で、地下1階＋4〜5階のアパートは、東海岸によくある様式で、「ブラウンストーン」と呼ばれる。19世紀に上流階級の間で流行った石造りで、建物は暖まりにくいが冷めにくく、冬は一度暖めると暖かさが持続する。

私は男なので治安面に関して鈍感でいられて、安いアパートに住んでいられるのかもしれません。もし米国へ留学や移住をお考えの方がいらっしゃいましたら、ご自身に合った住居をしっかりとリサーチしたうえで熟考いただければと存じます。

米国では、日本のビールが日本よりも安い！

日本でもよく言われていることですが、米国はとにかく物価が高いです。自身が籍を置いている会社に文句を言うようでございますが、旅行会社に身を置く私の所得は米国の平均所得に遠く及びませんので、生活は本当に大変です。

とくにニューヨークは、外食すると日本の2～4倍。スーパーで日本の食品を買うと、2～3倍割高になっているのが普通です。

マクドナルドのハンバーガーセットは10ドル超（約1400円）、ファストフードですら気軽に買えず、私は昼食も常に家から持参です。

もし着席してウェイターのいるレストランで食事をするとなれば、チップ込みで昼食は50ドル超（約7000円）、夕食は100ドル超（約1万4000円）は毎回覚悟しなければなりません。

それほど物価の高い米国でも、日本よりも驚くほど安いものがあります。ビールです。日本を代表する銘柄のビールは、３５０㎖１缶が１ドル程度。私がニューヨークに赴任した２０１７年秋頃は１ドル＝１１０円ほどでしたから、日本の半額以下ということになります。

日本から輸入しているのではなく、日本のビール会社の工場が北米にあるために安くできるのだと思いますが、日本よりも日本のビールが安いというのは意外でございました。

米国ではやすやすと外食はできないのですが、ビールだけはレストランでも比較的リーズナブルな価格設定となっておりますので、日本食レストランでわずかなおつまみを頼んで日本のビールを飲むのは、おすすめです。

ただし、公園など公共の場でお酒を飲むのは注意が必要です。基本的に公共の場所での飲酒は禁止されているからです。

米国内、99％以上の都市では、路上でお酒を飲んでいようものなら逮捕されて手錠を掛けられるのは当然です。

また、アメリカではドライバーだけでなく、同乗者の飲酒も禁止です。車の中に開封されたお酒が置いてあるだけで罰せられ、警官に呼び止められて検査で引っかかると、その場で警察署に勾留されることになります。

100年ほど前、1920年~1933年まで米国には禁酒法があり、全面的にアルコール飲料の製造、販売、消費が法律で禁止されていました。現在では考えられない法律ですが、お酒を飲むことが違法でした。

米国では、アルコール=中毒性のある危険なもののイメージがあり、アルコールには厳しいです。米国人から見ると、春に公園の桜の下で皆が皆お酒を飲んでいる日本の光景は、信じられないほど開放的に映るそうでございます。

お酒を購入できる時間は州や郡によってそれぞれ法律があり、テキサス州やケンタッキー州などの「Dry County」(**禁酒郡**★34)と呼ばれる一部のエリアでは、2023年現在でもアルコール販売全面禁止や、平日の夜9時以降や日曜日の販売は禁止と、厳しい規制を設けています。

★34 **禁酒郡**
米国において地方行政当局が酒類販売を禁止したり、制約している郡。米国50州のうち、33州は何らかの規制を課しており、現在でも禁酒法は続いている。

一方、米国で唯一と言ってもいいほどアルコールに寛容な街がありまして、それがラスベガスです。ラスベガスは飲食店の外や路上でアルコール飲料を飲んでいても違法にはならないので米国の中では異常なエリアだと言えるかもしれません。

常習性があり、健康を害する危険性があるアルコール規制が厳しい米国ですが、その一方で大麻（マリファナ）は次々と合法になっております。

大麻には医療用大麻と嗜好用大麻がございますが、州によって法律が違いまして、医療用も嗜好用も大麻全面禁止で違法の州もあれば、医療用のみＯＫで嗜好用は違法、はたまた医療用も嗜好用も大麻全面ＯＫの州もあります。

ちなみに私の住んでいるネバダ州は医療用も嗜好用も大麻ＯＫの州でして、街中には「マリファナ！」とでかでかと看板を掲げた大麻ショップが普通にあります。

ただし、観光で米国を訪れた日本人が大麻を使うことは、日本に帰国したときに違法になることがございますので十分にご注意ください。

差別があっても
多様性を認める米国は面白い

ニューヨークに住んでいたとき、地下鉄の車中で突然、ホームレスの男性に蹴られたことがありました。コロナ禍で、アジア人に対するヘイトクライムが増加していた時期だったからかもしれません。

でも、そんな目にあったのは危険を察知できなかった自分も悪いのです。そのとき車両に乗っていたのは、私と蹴りかかってきた男性だけ。もともとは私一人だけでしたが、途中駅で発車間際にそのホームレスの男性が乗り込んできたのです。

蹴られた途端に、殴り返して命を守らなければという気持ちが湧きましたが、あまりにも相手の身なりが汚く、揉み合いになったら気持ち悪いという考えが勝ってしまい、やり返すという気持ちの方は直ぐに挫けました。

ただ幸いにも、そのホームレスは私に1発蹴りを入れたら隣の車両に歩いていってくれたので難を逃れた次第です。

人通りが少なく、壁に落書きがあったり、道路に汚い車が止まっていて、ゴミがたくさん落ちているような場所は、危険区域です。そういう場所に入ってしまったら、すぐにその場を離れる必要があります。

もしも観光などでニューヨークの地下鉄をご利用される場合は、ホームで電車を待つ際はホーム際に立たない、周りに人がいる車両を利用する、高価なものは身につけず、持ち物は身の前に持つ、などの対応が必要です。

米国ではホームレスの方が多く、物乞いに遭遇することも多いです。

今はラスベガスに住んでおり、どこへ行くのも車ですので遭遇する機会はだいぶ減りましたが、ニューヨーク在住時は路上、駅、地下鉄内と1日に何度もホームレスの方に声を掛けられました。

基本的にホームレス、物乞いの方は攻撃的ということもなく、悪い人ではありません。しかし、慣れていないと怖く感じることもあると思います。

日本から観光でいらした方の中には、断るときに「すみません」「ごめんなさい」と言葉を発してしまうことがあるのですが、それは良くありません。

加えて、バッグなど身につけている物を守ろうと引き寄せたり、手を動かすのも良くありません。「何か貰える」と相手を勘違いさせることになるからです。


そういうときは言葉を発せず、手を動かさず、首を横に振るのが最善の策です。

地下鉄で蹴られたこと以外は、コロナ禍のニューヨークで暴力的な差別を受けたことはありません。でも、アメリカで暮らしている以上、少なからず差別を経験することはありますし、それは仕方がないことだと思っています。

たとえば、レストランでは白人の方のほうが、眺めの良い席にアサインされる、サービスが良い、なんてことは珍しくありません。

悪天候のために飛行機が遅れて欠航になり、次の便と、その次の便に振り替えられることになって並んでいたら、次の便には全員乗り切らず、その次の便に振り替えられたのは……全員アジア人だったということも経験しました。

日本にも就航しているその大手航空会社の名前を出すことは控えますが、大所帯の一つのグループでもなかったので、完全に故意的に差別的に振り替えられたと思っており今でも少し根に持っております。

差別をされるのは嫌なことですが、サービスが良い悪い程度のことなら、事故みたいなものと思って忘れるようにします。ただ、差別的なことはあるにしても、私自身は米国で生活するほうが合っているのかもしれません。

日本では「こうしなければいけない」とか、「こうすべきである」といった社会通念で人を縛るようなところがありますが、米国ではいろいろな考え方をもつ人がいて当たり前という個人を尊重する風土や、自己責任は伴いますが自分の行動一つで自由を勝ち取っていける風土があります。

また、アジア人と差別の目で見られるたびに、アジア人の中にも日本人、中国人、韓国人などがいて皆んな違いますと、自分のアイデンティティを確認することになります。そして、反面教師的な発想になりますが、差別が日常的にあるからこそ、自分は他者に対して差別的でなく、誰に対しても平等であろうということも考えます。

2020年5月、ミネソタ州で黒人男性のジョージ・フロイトさんが、白人警察官に疑いをかけられて拘束され、膝で首を押さえられて死亡するという事件が起きました。日本でも報道されたかと思いますが、その事件は黒人差別撤廃運動「Black Lives Matter（以下BLM）」[★35]となって全米に広がりました。

コロナ禍で閉塞感が充満していた時期だったこともあり、その事件への反発は日々の鬱憤を晴らすかのごとく爆発的に広がり、当時私が住んでいたニューヨークでは、いくつものデモが暴徒化しておりました。

高級ブランドショップが立ち並ぶニューヨーク5番街では、どこも窓ガラスは割られ、商品が持ち去られ、危害を受けないショップは無かったほどでした。それから数か月はコロナ禍で観光客がいないこともあり、ニューヨークの街中ショップは出入口を巨大な木の板でバリケードを設置して、異様な光景となっておりました。

このBLMが盛り上がった時期がコロナ禍で一番「この先、世の中はどうなってしまうのか」と暗澹《あんたん》たる思いをしたときでございます。

人種差別と同様に、最近では一層、性別年齢差別にも気を使います。

★35 Black Lives Matter
黒人に対する暴力や人種差別撤廃を訴える運動の総称。略称BLM。2013年にSNSでこのスローガンが拡散され、以後、米国では白人警察官による黒人への射殺事件が起きるたびにBLM運動が起きている。

たとえば、女性だと思って話しかけたら男性だった、またその逆もしかりでございますが、もし話しかけた相手が性差別を受けたという受け取り方をしたら、米国では直ぐに裁判になりかねないので言葉遣いには気を付けます。

日本では初対面でも同世代だったりすると年齢を聞いて話が広がったりいたしますが、米国ではしっかりした身元確認が必要な場合を除いて、人に年齢を聞くことはまず、ありません。それをどういう捉えられ方をして、訴えられるような事態になりかねないからです。

LGBTQs★36に代表されるように、多様性を受け入れる現在でございますので、性別と年齢で何かを分けることを最小限にする動きがあります。

旅行会社で働いておりますと、お客様のパスポートを拝見して、その情報をもとにホテルや特別なツアー、コンベンションの登録を代行したりする仕事がございますが、最近では性別と年齢を入力する欄が以前と比較して減ってきているのを感じます。

★36　LGBTQs
セクシャルマイノリティ（性的少数者）を意味する6つの多様な性を表す頭文字をとってつけられた総称。レズビアン（同性を好きになる女性）、ゲイ（同性を好きになる男性）、バイセクシャル（両方の性を好きになる人）、トランスジェンダー（体の性と心の性が違う人）、クエスチョニング（性自認や性的嗜好が定まっていない、あるいは意図的に決めていない人）、＋（性別・性は多様であるべきなので、言葉で決めつけるべきではないと考える人）。

永住権が当たる米国＋医療費

米国で働くには就労可能なビザを取得している必要があります。

観光目的で米国入国するときに一般的なESTA（エスタ）や、勉学の留学で取得するビザ（F1ビザ）では働くこと（金銭が発生する活動）はできません。

しかし、実際のところ、米国における不法滞在者の数は最低でも1000万人以上はいると言われており、そのうち多くの方が不法労働しているのは公然の秘密となっております。実際、米国人がやりたがらない仕事を不法滞在者が担っているケースが多々あり、社会を支える歯車の一部になっているのです。

それゆえ米国では、新型コロナウィルスのワクチン接種は、本人確認書類（パスポートや運転免許証）なしで行っておりました。

不法滞在者の方は本人確認書類を持っていないことが多いので、自分の身一つあれば、接種を受けられたのです。日本のコロナワクチン接種会場では、接種券と本人確認書類が必要だったと聞きますので大きな違いです。

さらに、カリフォルニア州やニューヨーク州などでは、不法滞在者でも運転免許証が取得できます。なんだか意味のわからない話でございますが、もう不法滞在者が多すぎて、無免許で運転して交通事故起こされるくらいなら、いっそのこと交通法規を勉強してもらって免許証を交付してしまえ！ということです（旅客バスやトレーラー等は除き一般車両のみに限ります）。

私は学生ビザ（F１ビザ）から始まり、計4回滞在ステータスを変更して今に至りますが、初めて米国で報酬を得たのはインターンシップビザ（J１ビザ）からでした。就労可能なビザにもいろいろな種類がありますが、最強のビザは米国永住権。発行される証明カードが緑色であることから、「グリーンカード」とも呼ばれます。

永住権があれば、米国への出入国が自由で、滞在に期限がなく、職業も自由に選択することができます。

永住権はあくまでも米国に住み続けられるビザでして、米国籍とは違います。永住権を5年間以上保持することで、米国籍の取得権利が生まれます。

永住権を取得するにはいくつか道があります。いちばん多いパターンは米国籍または永住権保持者の方と婚姻を結ぶことです。

2番目に多いパターンが、専門技能保持者や管理職にある者が米国の雇用先にスポンサー(保証引受人)となってもらい永住権を申請する方法です。

普段、身の回りで接する日本人では、その2パターンがほとんどでございますが、稀にいらっしゃるのが抽選で永住権を当てた方です。

日本ではあり得ませんが、移民大国米国には「多様性のある社会を!」という理念のもと、永住権が抽選で当たる制度があります。

もちろん応募するには料金が発生いたしますので、別の見方をすると、大変に都合が良い公金集金制度なのです。

抽選は毎年1回行われ、国ごとに当選何人までという割り当てが決まっており、日本からでも抽選に応募することができます。

日本人の当選確率は、ここのところ1％未満。悲しい予想となってしまいますが、人口減少のせいで日本円の価値は落ちていき、外国移住を目指される方は多くなると予測されますので、当選はますます狭き門となる気がしております。

それぞれの事情によって、永住権や米国籍を目指される方がいらっしゃいますが、私は永住権止まりでOKと考えております。

なぜかと言いますと、**米国の医療費**★37は自己破産する人も珍しくないほど非常に高いからです。

以前、歯科にかかったときは、初診料だけで100ドル（1万4000円）程度かかり、私が米国で入っていた保険では年間2000ドル（約30万円）では虫歯一本さえ、まともに治療できなかったことがありました。

日本は二重国籍を認めておりません。米国籍を取得した場合は、日本国籍を放棄することになります。そうなると、将来、日本で医療が受けられなくなってしまいます。

そんなわけでございまして、永住権&日本国籍の組み合わせが、自分にとっては安心・安全でお金をかけない最良の道なのかなと思っております。

★37　**米国の医療費**
米国の一人当たりの医療費は、OECD加盟国の中で、大きく2位を引き離しトップ。自由診療で病院が医療費を決めるために高額で、とくにニューヨーク市マンハッタン区の医療費は、他の区の2〜3倍といわれる。

車社会アメリカで車を上手に使う方法

米国で公共交通機関だけを使って観光ができるのは、ニューヨーク、ボストン、ワシントンDC、サンフランシスコなど、ごく一部のコンパクトな街に限られます。他の街では、基本的に車が必要です。

アクティブな方で、事故が起きたときも対応できる英語力があるなら、日本で国際免許を取ってきて、レンタカーを借りるのがいいと思います。

私も、出張するときはレンタカーを借りることが多いです。日本から観光でいらっしゃる方はどのようにレンタカーを予約されていますでしょうか。

偉そうで恐れ入りますが、私の予約方法を簡単にご紹介させていただきます。

私はまずレンタカー料金比較サイトで大体の料金を調べてから、必ずレンタカー会社の公式サイトから予約いたします。

旅行会社の窓口だったり、エクスペディアのようなWEBサイトからも予約できますが、そういった中間業者を挟むと、現地のレンタカーカウンターでいざ借りる手続きになったときに料金が大きく異なったり、保険プランの書き方やニュアンスが異なり、想定していたものと違うといったことが現場で起こりやすくなります。

米国のレンタカーセンターに行くと、カウンターで利用者と従業員が揉めている光景は必ずと言っていいほど見ます。

それほどレンタカーを借りる際は問題が起こりやすく、私も在米10年近くで仕事都合もあり、何十回、いや何百回と借りていますが、レンタカーの料金明細や保険プランはただでさえ難しく書いてあるので、中間業者を挟むとなおさら混乱いたします。

料金比較はどうしているのかと言いますと、私は米国の航空会社サウスウエストのWEBページを利用しています。

サウスウエストのレンタカー予約ページは見やすくて、表示料金もレンタカー会社公式料金が正確に反映されている傾向にあります。

サウスウエストのWEBページからも予約できるのですが、そこは料金確認だけにとどめて、そこから念のためレンタカー会社公式ページに行って予約する手順が、私の使ういつものパターンでございます。

サウスウエストのページで確認後、比較的料金が安いプランが見つかる「バジェットレンタカー」と「ダラーレンタカー」を頻繁に使っております。念のため断っておきますと、私は特定のレンタカー会社の回し者ではございません。あくまで私の経験上のお話でございます。

加えまして、各レンタカー会社の公式ページには「Special Deal」★38と書かれたような、期間限定セールのページがあったりします。

そこには「○月○日~○月○日にどこどこのレンタカー営業所から借りて、どこどこの営業所で返却すると特別料金でご提供」といったものがあるのです。

例を挙げますと、「ジョージア州アトランタ空港で借りて、本土最南端フロリダ州キーウエスト空港で返却すると1日あたり10ドル」といったプランです。保険料を足すと1日あたり50ドル程になりますが、それでも破格の安さです。

★38 Special Deal
Dealは、取り決め、約束、契約などの意味。スペシャルデールは「特別サービス」の意味で使われる。

観光地の営業所に多いですが、季節によってある特定の営業所に車の返却が集中してしまう現象が起こりますので、レンタカー会社は在庫調整するために破格の金額でセールを謳うのです。

自分が旅行するとき、ケチな私はそうしたディールを見つけて、行き先を決めたこともございました。「Special Deal」は公式ページからの予約でないと料金反映されないことがございますので、その意味でも公式ページからの予約がおすすめです。

また、米国でキャンピングカーを借りて運転されるときは、安心して車中泊ができる場所を探せる「RV Parks」[★39]のアプリを入れておくといいと思います。

このアプリを使って私も、キャンピングカーでなくても、シャワーサービスのあるガソリンスタンドや、全米最大のスーパーマーケットチェーン「ウォルマート」の駐車場などを検索して利用しております。

ただし、安心して車中泊ができる場所だといっても、車の窓を破られて物取りにあうなど、事故に巻き込まれる可能性がゼロだとは言い切れません。ここは米国。あくまでも自己責任の国ですので、ご注意ください。

★39　RV parks
米国で広く使われている安全に車中泊ができる場所を探せるアプリ。

「Uber」や「Lyft」を上手に使う方法

米国観光に来られた際に、ホテルからレストランまでなど、市街の移動であれば、「Uber」や「Lyft」などの**ライドシェア**★40を利用すると便利です。

タクシーを使うより割安なことが多いですし、流しのタクシーが走っていないことが多いので、わざわざ駅やホテルなどタクシーが待機している場所に移動しなくても、自分が居る場所に迎えに来てくれます。

支払いはすべて登録しているクレジットカードで完結するので、現金の受け渡しやチップを計算する手間が省けるのもラクでございます。

さらに、「Uber」はMarriottと、「Lyft」はHiltonと提携しておりますので、乗車する度にポイントを貯められます。ポイントやマイルを貯めることが趣味の私はそこも抜かりがありません（笑）。

★40 **ライドシェア**
「ライド」は乗る。「シェア」は共有する。自家用車の所有者と、車に乗りたい人を結びつける移動手段。海外では急速に普及しているが、日本では、2023年現在、有償のライドシェアは原則禁止されている。

日本からの観光客の方々を見ておりますと、若い世代の方は旅行会社に一部分だけ移動の手配を頼まれ、その他移動はご自身でライドシェアを利用されるケースが増えているように思います。

ここまで、ライドシェアの良い点を挙げてきましたが、一方で安全面に不安な部分があることは否定できません。

ドライバーは、商業車を運転するプロではなく一般人ですから、運転スキルが十分ではなかったり、ときには運転が荒く感じることがないわけではありません。

これは物凄く年齢差別になるかもしれませんが、私が先日テネシー州ナッシュビルで空港からホテルまで「Lyft」を利用したときは、ドライバーが見た目からして80歳前後の白髪のご婦人でした。そのご婦人の運転スキルは問題なかったのですが、乗車するときは少し心配いたしました。

そして、個人情報が漏れます。ライドシェア利用を始める前に名前と電話番号を登録するのですが、その情報はドライバーに伝わります。

男性である私は全然気にしていないのですが、女性においては気にされる方が少なくないのではないでしょうか。可能であれば女性一人でご利用されるのは控えたほうがよろしいかと存じます。

私が住んでおりますラスベガスは、市内のカジノやショー鑑賞だけではなく、グランドキャニオンやモニュメントバーレー、セドナをはじめとしたグランドサークル観光の拠点でもあります。

我々日系旅行会社ではそういったグランドサークルを、ひと括りに「山」と呼んでおります。

例えば、とある日本人ガイドさんに予定を尋ねたら、「何日から何日まで山に行っています」と答えが返ってくるという具合です。

そうした場所には基本車で行くこととなりますが、やはり現地旅行会社のツアーに参加されるのが安全安心で満足度が高いと思います。

料金が安いからと、ライドシェアで行くことは無謀でございます。

運転に慣れている方であればレンタカーで行くのはもちろん素晴らしいことですし、自分たちで運転して来たという達成感も得られることでしょう。ただ、事故が起きたときに対応ができませんし、プロのガイディングがありません。

私が旅行会社の人間だから、旅行会社のツアー参加をお勧めしているわけではございません。やはり現地のガイドさんが一緒ですと万一のときの事故対応をしてもらえますし、何より、プロのガイドさんの解説を聞きながら観光するのと、そうでないのとは満足度が格段に違ってきます。

私自身ラスベガスに住んでおり、グランドキャニオンに何度か行ったことがあっても、何百回と山のツアーを率いて勉強しているプロのガイドさんの話を聞くと毎回その知識に驚きます。

これはラスベガスに限った話ではなく全米どの都市に行っても同じです。現地ガイドさんの話を聞きながら観光するほうが満足度が格段に高まります。

お金はかかってしまいますが、状況に応じて旅行会社の現地ツアーなどご利用検討されるのはオススメでございます。

出張&旅行時の荷物

私が出張&遠出するときに、まず考えるのは航空会社の手荷物料金です。

国土が広い米国では飛行機利用が日本よりも身近です。

加えて、私が住んでおりますラスベガスは砂漠に囲まれて陸の孤島的な立地であるゆえ、ロサンゼルスとソルトレークシティーとフェニックス以外の大都市へ出張する場合、移動手段は飛行機一択となります。

ラスベガスからは**LCC**★41**（ローコストキャリア）**しか飛んでいない路線や、スケジュール的にLCCを選んだほうが都合が良い場合があり、積極的にLCCも出張や旅行で利用します。

LCCであれば受託手荷物一つ30~70ドル（約4000~1万1000円）。金額

★41 LCC
ローコストキャリアの略称。無料サービスの廃止や預け手荷物の有料化、機内設備を簡素にするなど、効率的な経営により、運賃を低価格にした航空会社の総称。

に幅がありますが、ＬＣＣでは、路線によって設定額が異なり、さらに、機内持ち込み手荷物も少し大きなものであれば受託手荷物料金と同じ料金が発生します。

ＬＣＣ利用でチケット料金が安かったとしても、もし受託手荷物と機内持ち込み手荷物に追加料金が発生してしまったら、かなり大きな出費となってしまいます。

ＬＣＣを利用するときに受託手荷物追加料がかかるのは当然ですが、日本と違い、米国では大手と言われる**ＦＳＣ**★42**（フルサービスキャリア）**でも国内線利用は受託手荷物料金が発生します。

ＦＳＣでは路線によって受託手荷物料金が異なるといったことはなく一定です。それでも一つ手荷物を預けると30～40ドル（約４０００～５５００円）かかります。

そして、ＦＳＣではベーシックエコノミーというチケットが存在します。そのチケットはＬＣＣのように機内持ち込み手荷物有料、受託手荷物有料、事前座席指定不可といった内容となりますが、その分チケットが安いといった特徴があります。

以上のことから、米国で飛行機料金を手配するうえでは、自分が持って行く荷物のサイズ、航空会社の手荷物追加料金、時間帯、機内サービスの違い、など数多くの要

★42　ＦＳＣ
フルサービスキャリアの略称。座席の種類（ファースト、ビジネス、エコノミー）が選べたり、機内食や飲料も運賃に含んだ従来型の旅客サービスを提供している航空会社。日本ではＪＡＬ（日本航空）とＡＮＡ（全日本空輸）、米国ではアメリカン航空、デルタ航空、ユナイテッド航空がＦＳＣ。

素を総合的に勘案して、最終的に安価で最も快適な移動となるベストミックスを探す必要があります。

日本では主要FSC2社利用の場合は、手荷物個数の制限内であれば基本無料ですので、その点米国は複雑でございます。

飛行機の手荷物追加料金のこともあり、旅行&出張時の荷物は最小限にするよう心がけます。荷物の中身については特別これを持って行くと良い！というものはないのですが、私の荷物パッキングにかかる時間はかなり早いと思います。

旅慣れているからとかいう理由ではなくて、私は洋服の量が少ない上、着用しているのは同じブランド、同じデザインのものばかり。色違いの服があるだけなので、パッキングするときに悩むことがまずありません。

これは仕事するとき、とりあえずスーツでOKという男性特有の考え方かもしれませんが、とにかく放り込んでしまえば終わりなのです。

唯一悩むとすれば、現地のコインランドリーで洗濯するか、洗濯せず日数分の服を持って行くかくらいでございます。

米国でもコインランドリーは一般的で、どこの都市にでも存在します。利用方法は日本と同じで、お札を両替機でくずして25セント玉を投入して使うだけです。洗濯機も乾燥機もその要領ですので、英語力が全くなくても問題ありません。

私はだいたい1週間までの日数であれば現地で洗濯せず日数分の着替えを持って行き、それ以上となれば現地で洗濯します。そして、現地に行く前にGoogleマップで滞在ホテル近くの「Laundromat」を検索して、利用するコインランドリーに目星をつけています。米国のコインランドリーを使うときは、Googleマップで口コミ評価が良いところを選んだほうが賢明です。

と言いますのも、利用者の一部には泥だらけの靴や、ペットの排泄物にまみれた物を平気でコインランドリーで洗う方がいるからです。

世界でも有数の清潔な国である日本では考えられないことですが、口コミ評価が低いコインランドリーは不衛生な場合がありますのでご注意ください。

銀行口座開設とクレジットカード入会ボーナスでセコク稼ぐ

米国では銀行口座を開設するだけでお金がもらえます。

たとえば、「口座を開設してから最初の3か月間に2回以上の給与振り込みがある、口座残高を平均2000ドル（約28万円）以上を維持する。以上2つの条件を満たすと300ドル（約4万円）を差し上げます」などが一般的です。

日本で口座を開いただけで4万円もらえるというのは、まずありえないことだと思いますが、米国の金融業界における顧客の奪い合いは熾烈でございまして、常に口座開設ボーナスが展開されています。

私は銀行の口座開設ボーナスをもらうために、年間複数の口座を開設しております。そして、ボーナスを手にした後は口座を閉じ、次の口座を開設するのです。この方法で毎年年間1000ドル（約14万円）以上のボーナスを手にしております。

ほとんどの銀行が最後に口座を解約してから、所定期間の1〜2年過ぎますと、再度口座開設ボーナス対象となるため、数年間隔で同じ銀行の口座を開け閉めすることとなります。

一見するとブラックなことをやっているように映りますが、各銀行が定めているルールは守っており、そのボーナスは収入として毎年確定申告しております。

米国で銀行口座を開設するには、**社会保障番号**★43（ソーシャルセキュリティーナンバー）が必要となります。

日本のマイナンバー制度のようなものですが、この社会保障番号には、各自の納税履歴、ローン返済履歴、クレジットカード履歴、在住場所履歴が紐づいており、その履歴によってクレジット（信用取引）のヒストリーが数値でスコア化されるようになっています。

新規で車や住宅のローンを組むときや、新規のクレジットカードを申し込むときは

★43 **社会保障番号**
SSN（ソーシャル・セキュリティ・ナンバー）と呼ばれる。税金申告や年金管理、身分証明のIDとして使われる。銀行口座開設、運転免許取得、賃貸や携帯電話をはじめあらゆる契約時に求められる。

必ずクレジットヒストリーをチェックされ、スコアをもとに審査され、金利が決定されるのです。

今後、留学や仕事で渡米される方がいらっしゃいましたら、まず最初にメインで使われる口座を、家、学校、職場から近い場所にATMや支店がある、使い勝手の良い銀行で開設されるのがよろしいかと思います。

そして、その後生活に慣れ、落ち着かれて、クレジットヒストリーがある程度蓄積されてから、開設ボーナスのある口座を見てみるのがよろしいかと存じます。

もうひとつ、お金に関して私が普段からやっていることはポイント&マイル収集です。YouTube動画のために飛行機のファーストクラスに搭乗させてもらっていますが、私は普段それほど出張が多いわけではなく、実際に飛行機利用して貯まるマイルはわずかでございまして、私のマイルの貯め方は基本的にクレジットカードを利用したものです。

空ではなく陸でマイルを貯める人を、陸を（おか）と呼んで「陸《おか》マイラー」などと言いますが、私もその端くれでございます。

どうやって貯めるのかと言いますと、「クレジットカードに入会するとボーナスとして○万マイル付与します」といったプロモーションを利用するのでございます。

日本でも同じ方法がございますが、米国の場合は貯まるマイル数が桁違い。数倍早くマイルが貯められます。米国で最も一般的なパターンが、年会費100ドル（約1万4000円）のクレジットカードに入会して「最初の3か月で3000ドル（約40万円）使うと、入会ボーナスとして6～8万マイル付与いたします」というものです。

しかし、3か月で3000ドル（約40万円）使うのは、独身の庶民にとっては厳しい金額です。私の月額食費は300ドル（約4万2000円）程度で、その他お金のかかる趣味があるわけでもないので、普通にカード決済しているだけではノルマに達しません。

そこで、あるテクニックを使います。通常クレジットカードで支払いできないもの（家賃、住宅ローン、自動車ローン、学費、光熱費など）をクレジットカードで支払えるようにするのです。

米国には、そういった通常カードで支払いができない部分を、可能にしてくれる支払い代行サービス業者（以下A社とします）がいるのです。

この場合は、消費者→A社→家主（家賃）といったお金の流れとなり、消費者からクレジットカードで支払われる代わりにA社は3％手数料を取るのです。

例えば家賃1000ドルを払う場合、消費者はクレジットカードで1030ドルをA社に支払い、A社は現金や小切手で1000ドルを家主に支払うといった流れです（A社は30ドルの利益）。A社のようなサービスを提供する会社は法律で認められていて何社か存在します。

「年会費と3％多い出費になるじゃないか！」と思われるかもしれません。確かにA社を利用して3000ドル支払った場合は、（年会費100ドル＋3090ドル）で190ドル多い出費になります。

しかしながら、3000ドル使えば約7万マイル手に入るわけですから、190ドルと引き換えに7万マイル手に入れたこととなり、カード年会費と手数料を支払っても、余りある価値がクレジットカードの入会ボーナスにはあるわけです。

航空会社のマイレージプログラムによってマイルの価値は上下いたしますが、だいたい7万マイルあればエコノミークラスで日米を往復できますし、ビジネスクラスやファーストクラスで日米の片道移動が可能です。

燃油高に円安のコロナ後、航空運賃は高騰しております。

エコノミーで1000ドル（約15万円）以上してしまうのが一般的で、ファーストクラスとなると片道1万5000ドル（約200万円）以上します。

日本で生まれ育ち、家族が日本にいる場合は、日米を行き来することは必要となってくるイベントでございまして、なんとか高価な航空チケット購入しないで済むようにクレジットカードを駆使して節約生活をしているわけでございます。

そうした節約術を突き詰めていくと、クレジットカードを多めに発行して最大限ポイントを集めたいといった発想に行き着きます。陸マイラーである私は自分の収入が可能な範囲でクレジットカードを毎年6～8枚ほど新規発行して、入会ボーナスをもらったら解約するという作業を繰り返している次第でございます。

Column 4

エクセルでお金管理
米国式財テク

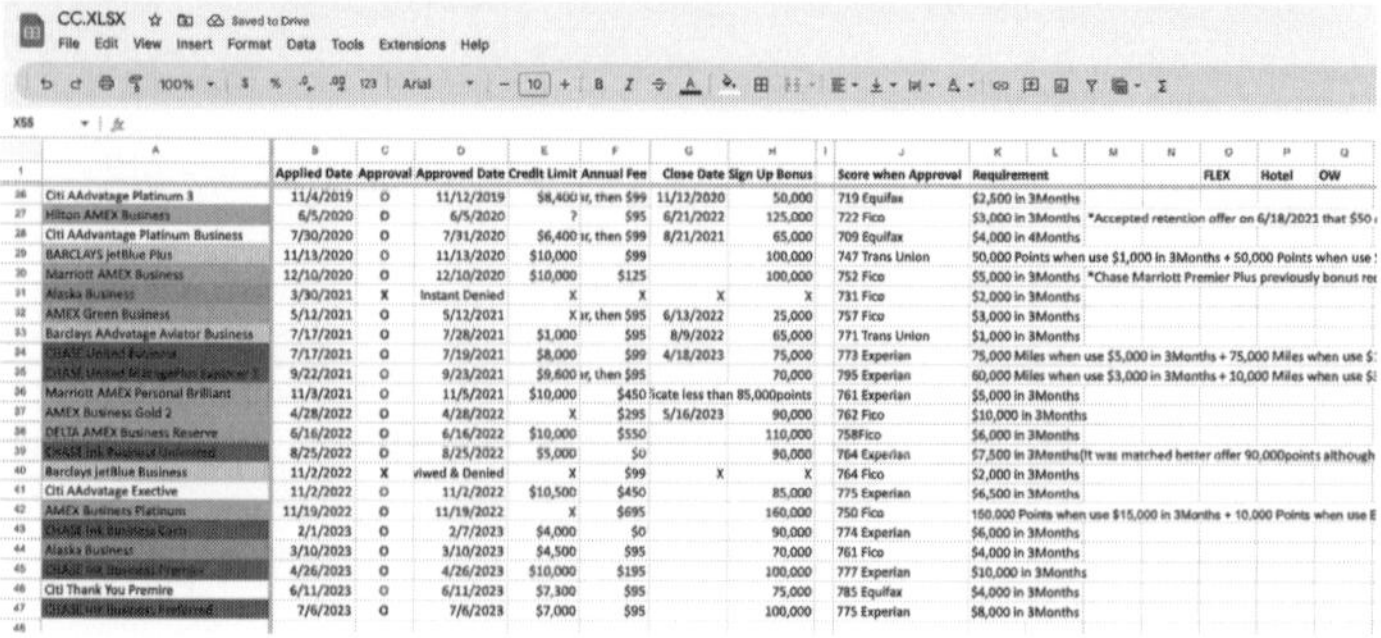

CC.XLSX

	A	Applied Date	Approval	Approved Date	Credit Limit	Annual Fee	Close Date	Sign Up Bonus	Score when Approval	Requirement		FLEX	Hotel	OW
26	Citi AAdvatage Platinum 3	11/4/2019	O	11/12/2019	$8,400	ar, then $99	11/12/2020	50,000	719 Equifax	$2,500 in 3Months				
27	Hilton AMEX Business	6/5/2020	O	6/5/2020	?	$95	6/21/2022	125,000	722 Fico	$3,000 in 3Months	*Accepted retention offer on 6/18/2021 that $50			
28	Citi AAdvantage Platinum Business	7/30/2020	O	7/31/2020	$6,400	ar, then $99	8/21/2021	65,000	709 Equifax	$4,000 in 4Months				
29	BARCLAYS jetBlue Plus	11/13/2020	O	11/13/2020	$10,000	$99		100,000	747 Trans Union	50,000 Points when use $1,000 in 3Months + 50,000 Points when use				
30	Marriott AMEX Business	12/10/2020	O	12/10/2020	$10,000	$125		100,000	752 Fico	$5,000 in 3Months	*Chase Marriott Premier Plus previously bonus re			
31	Alaska Business	3/30/2021	X	Instant Denied	X	X	X	X	731 Fico	$2,000 in 3Months				
32	AMEX Green Business	5/12/2021	O	5/12/2021	X	ar, then $95	6/13/2022	25,000	757 Fico	$3,000 in 3Months				
33	Barclays AAdvatage Aviator Business	7/17/2021	O	7/28/2021	$1,000	$95	8/9/2022	65,000	771 Trans Union	$1,000 in 3Months				
34	CHASE United Business	7/17/2021	O	7/19/2021	$8,000	$99	4/18/2023	75,000	773 Experian	75,000 Miles when use $5,000 in 3Months + 75,000 Miles when use $				
35	CHASE United MileagePlus Explorer 3	9/22/2021	O	9/23/2021	$9,600	ar, then $95		70,000	795 Experian	60,000 Miles when use $3,000 in 3Months + 10,000 Miles when use $				
36	Marriott AMEX Personal Brilliant	11/3/2021	O	11/5/2021	$10,000	$450	icate less than 85,000points		761 Experian	$5,000 in 3Months				
37	AMEX Business Gold 2	4/28/2022	O	4/28/2022	X	$295	5/16/2023	90,000	762 Fico	$10,000 in 3Months				
38	DELTA AMEX Business Reserve	6/16/2022	O	6/16/2022	$10,000	$550		110,000	758Fico	$6,000 in 3Months				
39	CHASE Ink Business Unlimited	8/25/2022	O	8/25/2022	$5,000	$0		90,000	764 Experian	$7,500 in 3Months(It was matched better offer 90,000points although				
40	Barclays jetBlue Business	11/2/2022	X	viwed & Denied	X	$99	X	X	764 Fico	$2,000 in 3Months				
41	Citi AAdvatage Exective	11/2/2022	O	11/2/2022	$10,500	$450		85,000	775 Experian	$6,500 in 3Months				
42	AMEX Business Platinum	11/19/2022	O	11/19/2022	X	$695		160,000	750 Fico	150,000 Points when use $15,000 in 3Months + 10,000 Points when use E				
43	CHASE Ink Business Cash	2/1/2023	O	2/7/2023	$4,000	$0		90,000	774 Experian	$6,000 in 3Months				
44	Alaska Business	3/10/2023	O	3/10/2023	$4,500	$95		70,000	761 Fico	$4,000 in 3Months				
45	CHASE Ink Business Premier	4/26/2023	O	4/26/2023	$10,000	$195		100,000	777 Experian	$10,000 in 3Months				
46	Citi Thank You Premire	6/11/2023	O	6/11/2023	$7,300	$95		75,000	785 Equifax	$4,000 in 3Months				
47	CHASE Ink Business Preferred	7/6/2023	O	7/6/2023	$7,000	$95		100,000	775 Experian	$8,000 in 3Months				
48														

現在保有しているクレジットカードは18枚。私の場合は旅行系に振り切っていますので、直近１年で獲得した特典は770,000マイルです。キャンペーンで契約したクレジットカードをいつ解約すべきかなど忘れてしまいますので、私はエクセルで管理しています。日々このエクセルをチェックしていることで、ポイントやマイルは大きな差になります。

第５章
ラスベガスで在宅勤務、YouTuber になる

動画編集未経験。「なんとかなる」とYouTubeに初投稿

私がYouTubeに動画投稿を始めたのは、２０２０年10月。ウイルスパンデミックで旅行の仕事がなくなり、会社から対策を求められて「YouTubeやります」と提案をしたことがきっかけでした。

動画編集の経験は皆無でしたが、本業の旅行の仕事がなく、時間だけが有り余っておりましたので、「なんとかなるだろう」という軽い気持ちで、動画撮影の旅に出かけました。

ニューヨークというと摩天楼そびえる大都会のイメージですが、それはニューヨーク州のほんの一部。「**アップステート・ニューヨーク**★44」と呼ばれるニューヨークシティ以北から五大湖があるカナダ国境までは、山、渓谷、湖、畑、牧場しかない、ど田

★44 **アップステート・ニューヨーク**
ニューヨーク州の中でも、ニューヨーク市とロングアイランド以外の北部、中部、西部を示す。２度の冬季オリンピック開催地となったスキーリゾート、レークプラシッドなどがある。

舎でございます。

また、ニューヨーク州の北東部に位置するメイン州、ニューハンプシャー州、バーモント州などの６つの州は、「**ニューイングランド地方**★45」と呼ばれ、米国に入植してきたヨーロッパの人々が築いた美しい街と大自然が広がっています。

10月は紅葉がきれいな時期ですので、アップステートニューヨークとニューイングランド地方の魅力を紹介できれば、パンデミック後にニューヨークから足を延ばす楽しみが増えるのではないかと考えた次第です。

ニューヨークはまだロックダウンが続いていましたが、大都市以外はさほど感染もひどくなかったため、米国内を旅行するには不都合はございません。

まず、以前から行ってみたいと考えていた場所をリストアップいたしました。でも、泊まるところは決めませんでした。

私の性格上、束縛のない一人旅で事前に行程を決めても、守れるとは思えません。加えて、コロナ禍だったとはいえ紅葉のハイシーズンは、ホテルの価格が爆上がりでございます。おじさん一人の貧乏旅行で、ホテルに泊まり続けることは無理ですので、車中泊も交えての1週間ほどの旅行となりました。

★45　**ニューイングランド地方**
メイン州、ニューハンプシャー州、バーモント州、マサチューセッツ州、ロードアイランド州、コネチカット州の６つの州を合わせた名称。米国建国の母体となった地域で、６州の中で最大の都市は、マサチューセッツ州のボストン。

今から考えれば相当に適当ですが、当時の私は、動画というのは自分の目で見ているまま、流して撮っていけばいいのかなと思っていたのです。

音楽にも詳しいわけではないので、BGMに使う音楽は、変な言い方ですが「なんとなく景色がきれいに見えそう」なものを著作権フリーの中から選び、音楽に動画を当てはめ、ナレーションを入れるだけ。声のトーンは最近（2023年）出しているものとは違い、初期の動画は無理して明るくしています。

東海岸の旅をまとめた最初の11本の動画は、今見返しても未熟でアラが目立ち、恥ずかしい限りなのですが、当時は動画そのものが悪いのか、動画と音楽が合っていないのか、ネタが悪いのか、理由がよくわかりませんでした。

そこで、人気YouTuberさんの動画を観て、少しばかり勉強をいたしました。気がついたのは、一つのカットの長さとテンポの悪さです。

多くの画角を入れ込んでテンポの良い動画にしたほうが、視聴者さんも観ていて飽きないのかなと思い、それからは旅先でも、空港でも、機内でも画角の異なる動画を手当たり次第に撮影しておくようにいたしました。

話し下手な私にとっては、ナレーションも問題でした。何度も噛んでしまうため、4回、5回はやり直します。ナレーションを少なくしてテロップを増やしてみるなど、これもまた試行錯誤の連続でした。

動画編集をブラッシュアップするためには、まず、初期投資が必要でした。車に装着してもブレがないアクションカメラとその周辺機器、新しいｉＰｈｏｎｅを購入し、重いデータを動かせるようにパソコンも買い替えました。総額４５００ドル（60万円）ほどかかったと思います。

車やファーストクラスで旅をする旅行系動画と、米国での日常を切り取った生活系動画の2タイプを投稿しておりますが、自分では旅行系のほうが編集していて面白いと感じておりました。

何をするにしても、自分が面白いと思うものでなければ続けられません。自分なりにこだわって動画制作をしておりましたが、YouTubeを始めてから1年2か月はまったく鳴かず飛ばずの状態だったのでございます。

鳴かず飛ばずで1年が過ぎ
バズった動画は280万回視聴に！

2020年11月から動画投稿を始めたものの、最初は再生回数30とか40。登録者数も20人とか30人。親しい人しか観ていないような状態で、その後も再生回数、登録者数ともに増えることはありませんでした。

それでも動画制作を続けられたのは、会社に「YouTubeやります」と提案してしまった手前、続けなければ申し訳ないという気持ちがあったことと、動画の中に自分のアルバムを見るような楽しさがあったからでございます。

ウイルスパンデミックで仕事もなくなって、この先どうなるのかわからない時期でしたので、「いつか年月が経ったときに、YouTubeの動画を見ながら自分がアメリカに住んでいたことを思い返すことができればいい」という思いが、YouTubeを継続していく一番のモチベーションになっていました。

初めてバズった動画は、ウイルスパンデミックのために会社から一旦解雇され、2021年にJALのファーストクラスを利用して5年ぶりに日本に帰国した際の様子を撮影したものです。

ファーストクラス搭乗記なら興味をもつ人も多いかもしれないと思い、それまでの動画とは編集方法を変えて作ってみようと考えていました。

日本に帰国してからは無職ですし、たっぷり時間がありましたので、いつもより丁寧に動画を編集して、アップしたのは12月29日でした。

1日経過した時点では再生回数が10回程度でしたが、1週間後には1日に100回ほど再生されるようになり、1か月後には1日1万回、最盛期は1日3~4万回。今は280万回再生を超えています。

動画をアップした時点では、もちろん、これほど再生されるとは思っておりませんでした。コメントが次々と来るようになり、ヤフージャパンでチャンネル名が検索されるようになってきたあたりで、ちょっと怖くなりました。これは尋常ではない、これから何が起こるんだろうと、焦りました。

実を言いますと私、自分の顔を出して動画撮影をするか、それとも出さないかについては考えたことがございませんでした。YouTubeを見ていると顔を出している人が多かったので、何も考えずに顔を出して撮影をしておりました。

そのくらいボンヤリしていたところに、「どんな仕事しているんですか？」というコメントが来るようになり、驚いたというのが実情でございます。

自分で顔を出したのですから、身元が割れても仕方がありません。独身で失うものもないですし、バレたらそれまで、と腹を括りました。

幸い、私がYouTubeをやっていることを知っているのは会社の同僚だけでしたし、Instagramは昔からアカウントを持っておりましたが、ほぼ稼働しておりません。Instagramや X（旧Twitter）を始めれば、楽しんでご覧いただける視聴者さんもいらっしゃるかもしれませんが、「最新のYouTubeを見てください」的な宣伝になってしまい、なんだか商業感が出てしまうといいますか、ガツガツしている雰囲気が出てしまう気がして、一切やっておりませんでした。

そんな状況でしたから、私がYouTubeをやっていることは、自分から言い出すまで家族も1年以上知りませんでした。

「ネット上に顔出しをするなんて、やめなさい」と怒られるか、登録者の人数が少なすぎて笑われるのも嫌でしたので伝えていなかったのです。

家族へのカミングアウトは、ファーストクラスの動画がバズって、再生回数100万回、登録者数が2万人を超えた頃だったでしょうか。

その日はちょうど米国での復職が決まったことを伝え、米国で働くことに大反対の母に泣かれていたのですが、同時にYouTubeへ動画投稿をしていることを伝えると、「えー、何コレ！　面白ーい！　動画投稿を続けるなら米国に行っても良い」と、よくわからないけれど好意的な受け止め方をしてくれたのです。

低空飛行を抜け、「カメラワークが自然でいいです」「音楽が耳に残ります」といったコメントをいただけるようになってからは、もっと多くの人に観ていただくためにも、より良い動画を作りたいと考えるようになりました。

「180万円するファーストクラスを、マイルを貯めて乗るのはすごい」というコメントも多かったので、お得な旅行情報も充実させたいと考えました。

応援されるというのは、やはり嬉しいことでございます。多くのコメントをいただけたことは、「クズな私にもできる！」という自信になりました。

YouTubeの収入は動画撮影の経費に
これからも世界を旅したい

「【片道180万円】JALファーストクラス搭乗記（ニューヨーク↓東京）」と題した動画が突然バズった理由はよくわかりません。

テーマが良かったのかもしれませんし、タイトルが目についたのかもしれません。YouTubeのアルゴリズム、バズる方法はいまだにわかりませんが、編集の仕方を変えた最初の動画でしたので、さまざまな画角のカット割で構成するという考え方は少なくとも合っていたように思います。

私、「旅というのは目的地に着くまでが一番楽しい」と思っております。

車で旅をするときは、景色の変化を楽しみながらあちこちに寄り道をするのも一興です。飛行機で旅をするときは、空港で搭乗するまでの時間を楽しみ、機内で何して過ごそうかと考えるのが楽しかったりします。

到着するまでの気分が高揚しているからこそ、往路は移動時間が短く感じますが、復路は時間がとても長く感じたりいたします。

YouTubeの視聴者の中にも、目的地に着くまでを楽しみたいと思っている人はいるのではないでしょうか。

動画がバズってからは、旅行系の動画をさまざまなバリエーションで撮ってみたいと思うようになり、白馬へドライブしたときは、スキーをしながらの自撮りにも挑戦してみました。

8年ぶりのスキーで、年齢を重ねたこともあり、大丈夫かなと滑り出す前は思いましたが、昔取った杵柄《きねづか》ではないですが、案外普通に滑ることできて、ギリギリ動画にできる素材が撮れました。

友だちのいないおっさんの寂しいひとり旅でしたので、再生回数は期待していなかったのですが、予想に反してたくさんの方にご覧いただけて驚いております。

母と日光を旅したときは、宿泊した「ザ・リッツ・カールトン日光」で、高級感満載のホテル内を美しく撮る方法をいろいろ研究してみました。

親子旅行など観てもらえるだろうかと思っておりましたが、この動画もお陰様でたくさん再生していただき、「ナレーションでない普段の会話の様子も良いです」「母のリアクションが面白い」「親孝行はしておいて損はないです」などの好意的なコメントを多くいただきました。

JALファーストクラス搭乗記の動画を編集したときは、1分作るのに約1時間。ちょっと時間がかかり過ぎだと思いますが、今もそのペースは変わらず、30分の動画を作る場合は、完成するまでに概ね30時間かかります。

撮影した膨大な動画のデータをパソコンに取り込み、それらをすべてチェックしてから、構成を決め、使用する動画を決めます。

見ている人が飽きないように、動画は1カット5秒から10秒程度に短く切って、BGMにはめ込むようにしながら動画をつなぎ、全体の調整を行い、ナレーションを自分で考えて、吹き込み、最後にテロップをつけます。

動画を撮りながら喋ってナレーションも入れてしまえば大幅な時間削減になるので

すが、事実と違う内容を喋ってしまったり、撮影に集中できなかったりする恐れがありますので、基本的に後からナレーションを吹き込むスタイルに落ち着いております。もっと効率的に動画をアップする方法もあると思うのですが、不器用なので、時間がかかってしまうのは仕方がありません。

仕事が終わってから2、3時間編集作業ができればいいほうですので、動画をアップするのは、早いときで2、3週間に1本。仕事が忙しいときは1か月に1本程度になってしまいます。

YouTubeでの収入は、本業の収入の3分の1〜半分くらいでしょうか。YouTubeだけで食べていくのは到底難しいですが、医療費の高い社会でございますので任意医療保険など生活費の足しとしております。他余ったら、次のYouTube動画の制作資金や、撮影機材更新に充てております。

専業YouTuberになろうと思ったことはないので、今のペースで視聴者の方に喜んでいただける動画をアップし、両親にも元気な姿を伝えられたら幸いでございます。

旅の楽しさ「百聞は一見にしかず」

百聞は一見にしかず。英語では「seeing is believing」。

旅行業をしているとさまざまな旅の情報が入ってくるのですが、自分が旅を楽しむ機会はそう多くありません。旅行会社に勤務していながら、自分が実際に行ったことがない場所の手配をすることも、珍しくありません。

ニューヨーク勤務のとき、紅葉シーズンと重なる10月は1年のうちで最繁忙期に当たり、オフィスに張り付いているため、自分が紅葉を観に旅をするなんていうことは、あり得ないことでした。

しかし、コロナ禍で本業の仕事がほぼゼロになったことで、YouTubeの撮影のために紅葉の東海岸を旅できたのは、いつもは知らなかった米国を知ることができ、とても楽しい経験でした。

２０２０年に車で回ったのは、ニューイングランド地方の中でも北に位置する３つの州、メイン州、ニューハンプシャー州、バーモント州。

実はこの３つの州、米国で白人比率の高い州ベスト３でございまして、いずれの州も住民の90％以上が白人です。

「人種のるつぼ」と言われる米国ですが、ニューイングランド地方にはまったく「るつぼ感」などなく、喧騒もない。静かで落ち着いた田舎町で、アジア人の私が歩いていると、ちょっと浮いてしまう感じがするほどでございます。

もちろん、観光地ではどこでもウエルカムなので、メイン州では州最大の都市**ポートランド**★46に立ち寄りました。

西海岸のオレゴン州にあるポートランドのほうが街の規模がだんぜん大きくて有名ですが、歴史が古いのはメイン州のポートランドです。

石畳が続く港町ポートランドは、海産物が美味しい街としても有名です。私もホテルにチェックインしてから、配車サービスを利用してロブスターやムール貝を食べに行きました。配車サービスだとビールが飲めるのがいいですね。

★46　**ポートランド**
米国は東海岸から西海岸へと開拓が進んだ。オレゴン州に土地の所有権を得たマサチューセッツ州ボストン出身の人物と、メイン州ポートランド出身の人物が、お互いの故郷の名前を付けたいと主張し、コイントスを行った結果、メイン州出身者が勝利し、オレゴン州にもポートランドの名前が付けられた。故郷の名前を地名にしたのは、イギリスから東海岸へと入植した人々も同じで、ニューイングランド地方には、ポーツマス、ボストン、マンチェスター、オックスフォード、ケンブリッジなど、イギリスと同じ地名が多い。

翌日はエリザベス岬にあるメイン州最古の灯台、ポートランド・ヘッドライトへ。初代大統領ジョージ・ワシントンの命を受けて1787年に建設が始まり、4年後に完成したこの灯台は、19世紀半ばまで鯨油《げいゆ》で明かりを灯していたそうです。

米国の作家メルヴィルの『白鯨』★47には、鯨との壮絶な戦いが描かれていますが、まだ大地から石油を掘り出す技術がなかった人類にとっては、鯨油が世界を動かすマネーだったということですね。この話は、映画にもなっています。

メイン州ポートランドからニューハンプシャー州へ入り、紅葉が美しい州道112号、通称「カンカマガス・ハイウェイ」へ。

このハイウェイを通るツアーの手配は過去していましたが、実際に訪れるのはこのときが初めてだったので、とても参考になりました。

旅行会社の人間が視察でチェックするのは、大型バスが通行できる道路であるか、展望スポットに大型バス駐車場があるかに加えて駐車場料金、無料トイレがある休憩スポットの確認などになります。時間配分も現場で計算したりいたしますが、今の時代オフィスに居ながらGoogleマップで見当がつくのは大変助かります。

★47 『白鯨』
1851年に発表されたアメリカ文学を代表する名作。かつて、巨大な白鯨(モービィ・ディック)に片足を食いちぎられたエイハブ船長が、仇討ちのために捕鯨航海に出て、再び白鯨と遭遇し、死闘を繰り広げる物語。日本への黒船来航(1853年)も、捕鯨船の寄港地確保が目的だったというように、当時は世界中で捕鯨が盛んだった。小説を映画化した『白鯨』(1956年)とメルヴィルが小説を書き上げるまでを題材にした映画『白鯨との闘い』(2015年)がある。

バーモント州[★48]で立ち寄ったのは、ストウの村にある「トラップ・ブルワリー」。ここは、映画『**サウンド・オブ・ミュージック**[★49]』に登場するトラップ・ファミリーのご子孫が経営しているレストランで、近くにはロッジもございます。

第一次大戦で活躍したトラップ大佐は、家庭教師のマリアと結婚してトラップ・ファミリー合唱団が誕生します。しかし、ヨーロッパツアーを成功させた翌年、ナチス政権によってオーストリアはドイツに併合され、一家は米国へ移住。１９４９年にマリアが出版した『トラップ・ファミリー合唱団物語』がベストセラーになり、やがてミュージカルになり、映画になったのだそうです。

一家が育ったオーストリアの風景によく似ていたバーモント州のストウに「トラップ・ファミリー・ロッジ」を建て、営業を始めたのは１９５０年から。コロナ禍とはいえ、このときもトラップ・ファミリー・ロッジは満室でした。

トラップ・ファミリーの歴史を改めて勉強しながら、ソーセージの盛り合わせをいただきました。美味しいうえに価格はリーズナブルでおすすめのブルワリーです。

ただ、運転マストの一人旅で、ビールをいただけませんでしたので、是非また訪ねてみたいと思っております。

★48　バーモント州
バーモントと聞くと思い出すのが、あのカレー。この地域には昔からリンゴ酢とハチミツを使った「バーモント健康法」があったため、リンゴとハチミツを全面に押し出したカレーに「バーモント」と名付けと言われている。

★49　『サウンド・オブ・ミュージック』
マリア・フォン・トラップの自叙伝『トラップ・ファミリー合唱団物語』を基にしたミュージカル映画。1965年に公開され、世界的な大ヒットを記録。映画のロケ地はオーストリアのザルツブルグだが、美しい山並みを望む景色が、ストウに似ているという。

山に登り、今まで見たことのない景色を見る楽しみ

ニューイングランド地方へ行くなら、一度は行ってみたいと思っていたのが、ニューハンプシャー州の「マウント・ワシントン」。

米国東北部の最高峰で、標高は1917mです。

西側の麓からは、約12㎞の有料道路「**マウント・ワシントン・オート・ロード**★50」を使うと頂上まで車で登ることができます。ただしこの道路、道が狭いので大きい車は通行できないそうです。オープンしている期間は5月から10月下旬くらいまで。おそらく冬季は、雪に閉ざされて通行できないのでしょう。

細く曲がりくねった道が続き、眼下には紅葉と雲海が広がります。標高が高くなると針葉樹ばかりになり、さらに登ると背丈の高い木がなくなり、雲海とはるか遠くの山並みまでが一望できる絶景が広がります。

★50 マウント・ワシントン・オート・ロード
景色に見惚れて事故でも起こしてしまいそうなハイウェイだが、ニューハンプシャー州は米国で唯一、ドライバーのシートベルト着用が義務付けられていない州。ただし、同乗している18歳以下はシートベルト着用が義務になっている。

山を訪れると、山の頂上まで行って今までに見たことのない景色を見てみたいと、いつも思います。

その山の頂《いただき》に立ち、眼下に広がる景色を見ると、自分の辿ってきた道が見え、次に登りたい山が見えてくることがあります。

旅をして今までにない景色と出合うのは、どこか人生と似ています。

私自身も、米国に来なければ見えなかった景色がたくさんあります。

さて、「マウント・ワシントン」の頂上に着きますと、はるか遠くまで続くホワイトマウンテン国立公園の山並みと、雲海や紅葉を背にしながら、急勾配の山をゆっくりと登ってくる登山列車が見えました。

スイスに先駆けて、１８６９年に開通した世界初の登山列車「コグ・レイルウェイ」です。

どうしてこんな急勾配を列車が行き来できるのかと言いますと、機関車に付いている歯車（コグ）が、３本ある線路の真ん中にうまく引っ掛かるようになっているため、滑り落ちないのだそうです。

開拓時代を思わせる可愛らしい機関車は、石炭が燃焼する丸いかまが急勾配でも水平になるように少し前に傾いているのが特徴的でございます。

ゆっくりしか走れないので、往復約3時間。時期や時間、窓側座席か、通路側座席かで細かく料金が変わるのですが、私が訪れた日は、往復大人一人80ドル（約1万円）からとなっていました。なかなかの金額ですね（汗）。

一方、私が利用した「マウント・ワシントン・オート・ロード」は、頂上まで約30分。料金は車一台とドライバー一人35ドルで、同乗者が一人増えるにつれて大人で一人10ドル、子どもで7ドルがプラスになり、4歳以下は無料だそうでございます。

ケチな私は当然35ドルの有料道路を選んだ次第ですが、この有料道路も急勾配であることに変わりはございません。

入場料を支払ったときに、係の方から「降りるときは最後までローギアで、エンジンブレーキを使ってね」と2回も言われました。日光のいろは坂よりはスリリングですので、車の運転に自信がない方には、「コグ・レイルウェイ」をおすすめします。

ニューハンプシャー州には、紅葉のホワイトマウンテン国立公園を巡ることができる有名な観光列車が、もう一つあります。

１８７４年に開通した「コンウェイ・シーニック鉄道」です。

開拓時代そのままのような「ノースコンウェイ」の小さな駅は、「コンウェイ・シーニック鉄道」の博物館のようになっていて、車内で使われていた食器などが飾られ、旅の記念になる鉄道スーベニールがたくさん売られています。

駅舎を抜けると屋根さえない簡素なホームがあり、子どもの頃テレビで観ていた『世界の車窓から』の一場面のように、観光客の方々が会話を交わしながら列車に乗り込んでいきます。

豪華クルーズトレインのようなアンティークな客車に乗って紅葉の中を巡るのも、鉄道好きにとっては楽しいのではないでしょうか。

１時間、２時間、５時間コースなどがあり、食堂車も連結されていてさまざまなコースを選べます。

心を広げるために、地平線と水平線、海岸線を見に行く

美しい景色を見ながら車を運転するのが好きです。育ったのが、山間《やまあい》に近いカントリーサイドですので、都会よりも自然の中にいるほうが圧倒的に落ち着きます。

ここでしか味わえない自然豊かなドライブを楽しみたい。そう思って車を走らせたのが、「パシフィック・コースト・ハイウェイ（ＰＣＨ）」です。

サンフランシスコからサンディエゴまで、カリフォルニア州の起伏のある美しい海岸線を９００㎞にわたって続く、世界でも指折りの絶景ロードで、ＡｐｐｌｅのＰＣの壁紙でもお馴染みの「**ビッグ・サー**★51」を望むことができます。

日本からはサンフランシスコに飛び、レンタカーを借りるといいですね。海岸線へ出るまでは茶色い大地が続きますが、その道のりもまた、雄大です。

★51 **ビッグ・サー**
名前の由来は、「大きな南」を意味するスペイン語。美しい海岸線と自然豊かな景観は芸術家たちを魅了し、小説家のヘンリー・ミラー、リチャード・ブローティガン、詩人のジャック・ケルアックなどが住んだことでも知られる。

地平線を見たことがありますでしょうか。

私は米国に来て初めて、どこまでも地平線が続く景色を見ました。ただ、真っ平。どこまでもフラットな景色を見ていると、心まで真っ平らになってくるようで、初めて見たときはとても印象深かったです。空は広いほうがいいですね。

いつもそう思って、そんな景色を求めてYouTubeの動画を撮影している気がいたします。もともと田舎育ちなこともあり都会は苦手です。当時ニューヨーク在住ながらニューヨーク市内の動画を殆ど作らなかったのは、自分は市内がそれほど面白いと思っていなかったからです。

サンフランシスコでレンタカーを借りて州道1号線に入って南下していくと、右手には美しい海岸線がどこまでも続きます。

「ビッグ・サー」エリアの中で最も人気があるのが「ビックスビー・クリーク・ブリッジ」があるあたり。近年は、超高級リゾート施設が作られていることもあり、ますます人気が高まっているそうでございます。近くにはハイキングトレイルもたくさんあり、野生のアザラシやアシカを見ることができるのも、国土が広いアメリカならでは。日本とはスケールの違う美しい海岸線がたっぷりと味わえます。

世界一美しい水平線を見るためにドライブするなら、キーウエストに向かう途中にある「**セブンマイル・ブリッジ**★52」です。

フロリダ半島南端からキーウエストまでは、サンゴ礁やマングローブでできた無数の島々が連なっています。

島々を結ぶ橋の数は、全部で42。その中で最も長い橋が、「セブンマイル・ブリッジ」で、その名の通り、全長7マイル（10km強）もあります。

目の前に広がるのは海と空だけ。エメラルドグリーンに光る水平線がどこまでも広がっていくのを感じることができます。

この絶景も、日本ではちょっと味わえないスケールの大きさです。

キーウエストは、はるか彼方カナダ国境まで続く東海岸国道1号線の終点。そして、米国最南端の地。ここまで来た記念に、看板のところで写真を撮る方も多いです。

国道1号線終点の看板から5、6分のところに、「アーネスト・ヘミングウェイ・ホーム&ミュージアム」があります。

★52 **セブンマイル・ブリッジ** 1982年に開通したフロリダ半島南端からキーウエストまでを結ぶ国道1号のオーバーシーズ・ハイウェイ（海上高速道路）。正確には6765マイルある。ハイウェイと並行するようにして1935年まで運用されていたオーバーシーズ・レールウェイがあり、現在はこの鉄橋が世界一長いフッシングピアとして一般に開放されている。

キーウエストを訪れる観光客は、ほぼ行かれるのではないでしょうか。
実際に**ヘミングウェイ**[★53]が住んでいた家が現在はミュージアムになっていて、入場料は２０２０年当時で大人16ドル（約２０００円）でした。

私は、『老人と海』を読んだことがあるくらいで、全然詳しくないのですが、当時のヘミングウェイの生活ぶりがわかって、面白かったです。

ヘミングウェイの家にはたくさんの猫が飼われていて、ヘミングウェイが使っていたベッドの上では猫が気持ちよさそうに昼寝している姿を見ることができます。美しい建物と庭では貸切イベントを開くことができるそうで、結婚式が頻繁に行われているそうでございます。

旅の楽しさは、今まで知らなかったことを知ることができること。そして、今まで見たことのない景色を見られること。

たとえ1日でも、旅をして日常から離れることで、自分の気持ちが整理でき、忙しくて縮こまっていた心を、解放することができます。

旅行が好きでこの仕事についたわけではないのですが、気がつくと旅することも、無駄に消耗せず、エネルギーチャージするアイテムになっています。

★53　アーネスト・ヘミングウェイ
１８９９−１９６1年。シカゴ生まれ、第一次世界大戦に赤十字の一員として北イタリアの戦線に赴き、瀕死の重傷を負う。１９２1年よりパリで暮らし『日はまた昇る』発表。１９２８年よりキーウエストに居を移し、『武器よさらば』『誰がために鐘は鳴る』『老人と海』などを執筆。１９５４年にノーベル文学賞受賞。61歳で散弾銃による自殺を図る。

Column 5

例のディナー

私の場合は完全な個人プレーで中年男性の日常を世間様にさらしているだけですので、こうしてYouTubeを注目いただけることは少し気が引けますが、ありがたいことです。私のチャンネルの視聴者さんは95%が日本にお住まいの方、残りほとんどは米国在住の日本語を使われる方のようで、年齢は35歳から64歳が多く、男女比は約半々だそうです。航空会社のファーストクラス搭乗記に関しては見ていただける予感がしておりましたが、家事の動画はあまり需要がないのではと思っていたのですが、なかでも多くの反応をいただいたのが、夕食の自炊キャベツサラダです。病気を患ってからかれこれ10年以上、旅行中などを除いて毎日食べ続けている私の十八番です。消化が良く、豆をミックスすることでタンパク質を豊富に摂取できますので重宝しております。キャベツ、豆、ホウレン草、トマト、卵、ハムと、どこのスーパーでも手に入るような食材ですので、もしよかったら参考にしてみていただけたら幸いです。

第6章
ギリギリ消耗しない生き方

自分の体を作ることは自分を作ること

20代半ばで病気をしたとき、私は75kgまで激太りしたり、50kgまで激痩せしたりを繰り返しておりました。体重をコントロールするために食事改善を行い、約2か月で体重を10kgほど落とすことができたのが1日3食から、1日5食にする方法です。

食生活の基本は、以下の3点。

①お腹いっぱい食べない。毎食、腹5分目で1日5食。
②夜は炭水化物を避ける。
③青魚、アボカド、オリーブオイル以外の脂質を避ける。

体を絞りながら筋肉をつけるには、血糖値を急激に上げるドカ食いを避け、空腹の時間をあまり作らない1日5食が有効で、低脂肪、低炭水化物にして良質の脂質を摂取するのが望ましいそうです。

ダイエット方法や健康的な食事法は、さまざまなことが提唱されており、どれが合うかは人それぞれだと思います。

私は１回に食べられる量は少なくても、１日に何度も食事を取れる楽しみがある！という発想のもと始めてみたら、自分に合っていて続けている次第です。

それから運動も始めました。基礎的なダイエットや体作りには、無酸素運動よりまず有酸素運動です。軽い負荷を長時間続けることが重要です。

体に適度な負荷がかけられる運動であれば何でも良かったのですが、お金がかからなそうという安易な理由で水泳を始めました。水着と水泳帽とゴーグルは１万円以内で揃いますし、プール施設の利用料金は日米両国どこも安価です。

病気するまで一切運動する習慣がなかったせいか、プール通いを始めるとみるみる体重が落ち、楽しくなり、今では身体作りが一種の趣味のようになっています。

ニューヨーク勤務のときは、毎週イーストリバーの中洲、ルーズベルト島までロープーウェイで行き、クイーンズボロー橋の下にある公共プールで泳いでおりました。

しかし、コロナ禍に突入してからは、ニューヨーク中のプールやジムはすべて閉鎖になってしまいました。何とか体を動かせないかと思って調べてみると、以前住んでいたフロリダではコロナ禍でも比較的早くからジムやプールが再開していたのです。若いときに病気をし、当時の恐怖が忘れられない私は、コロナの国内移動制限が明けてから、月に1度3〜4日、プールを利用するためだけにニューヨークからフロリダに通っておりました。

そのときの飛行機代は驚くほど安くて、ニューヨーク―フロリダの片道が13ドル(約2000円)。航空運賃が高騰しているコロナ後の今では考えられない料金です。

この10年は、ほとんど同じような食事をしてきました。

朝食は、ベーグル1個とゆで卵とコーヒー。

コロナ禍以降は在宅勤務になったため、昼食も自宅で食べることが多く、11：00頃にコーンフレーク。14：00頃に昼食です。

昼食はあらかじめお米を鍋で炊いて、ご飯茶碗半分ぐらいの量に分けて握り、冷凍しておいたものを解凍して、お茶漬けやおじやを作ります。

そうめんをひと束、ゆがいて食べることもありまして、昼食はお茶漬け、おじや、そうめんの基本3択です。３択に絞っているというか、恥ずかしながらそれくらいしか作れないのでございます。

16：00頃ヨーグルトとバナナ。19：00頃に夕食です。キャベツと玉ねぎをスライサーで千切りにし、ゆで卵、アボカド、トマト、豆を加えたサラダをいただきます。この10年、週に6日は毎晩このサラダを食べていますが、それほど飽きません。

米国で就職する以前から、つまり日本在住時から基本的には毎日この食生活でした。そのせいか、「日本で食べていたクオリティの高い日本食が食べられなくなって悲しい」と思わなくて済んでいる良い面がございます。

ただ、私もサイボーグではございませんので、毎日ストイックな生活を続けられるわけではありません。本来は油っこい料理やファストフードも好きですし、ビールも大好きです。基本的に食事は日本のほうがおいしいと思っているのですが、ハンバーガーは米国も美味しいです。と言いますか日本より美味しいと言ってもいいくらいですので、たまには食べたくなってしまいます。

そこで良い息抜きになっているのが、たまに月1回昼食にファストフードを食べることと、飛行機移動時にYouTube動画用に空港ラウンジや機内でビールとデザートを堪能することです。

その2つが月1~2回くらいの絶妙な頻度でやってくるようにして、なんとか食習慣を長続きさせています。

私は普段旅行会社に勤めていて、日本からお越しになるお客様と、現地のガイドさんと接します。そして、必要とあらば自らガイドの仕事もときどきやるのですが、お客様はガイドを見定めます。

サービス業であればどんな職種もそうですが、従業員の容姿がお客様の満足度に少なからず影響します。容姿端麗であれとか、良い服を着ていないといけないとかではなくて、最低限の清潔感とだらしなくない体型が必要なのです。

病気をしていたときは、もう少し体のことを考えて生活すれば良かったとか、何でこんなことになったのかと、ネガティブなことしか思いませんでしたが、ある程度健康体になった今は、逆に病気しておいて良かったのかもしれません。

あのときに体を壊す失敗をしておかなかったら、さらに悪い病気にかかったりしていたかもしれませんし、やりがいのない仕事をダラダラと続けていたかもしれません。

病気をしたことで、健康が一番大切だということに気づかされ、今は健康がキープできるならそれで十分と考えるようになりました。

病気になる前の自分は、何を大切にして生きていたのだろう?と思うのですが、何も思い出せません。でも、本当に大切なものがわかると、ほかのことはあまり気にならないようになります。

体は、食べ物と運動で作られる。この10年で、それを実感してきました。今は体作りが趣味のようになっています。

自分で作ってきた体があり、自分で体をコントロールできるということは、自分の自信になっていると思います。

こだわらないことが唯一のこだわり

学生時代は「今、何が流行ってる」ということを、いつも気にしていたと思います。周りにいる友だちや同級生が、どんな服を着て、どんな靴を履いているのかに注意を払い、流行りに乗り遅れないようにすることが結構重要で、同じものを持っていないと恥ずかしいとさえ思っておりました。

流行や周りの人を基準にしてしまうのは、自分の中に基準がない若い頃にはよくあることだと思います。

皆んなと同じことをしていないと恥ずかしい、流れから外れると恥ずかしいと思っているから、やりたいことも決まっていないのに同じように就職活動をして、社会に出たら世の中で「デキる」と評価される基準から外れないようにする。そういうことばかり気にしていると、当然、ストレスが溜まります。

私自身、社会に出て体調を崩してからも「新卒で就職して3年間は辞めないほうがいい、評価が低くなる」みたいな世間の評価にとらわれておりました。自分の体調より世間体を重視するなんて、今考えればバカみたいな話です。

そうやってストレスを溜め込んでいたから、甲状腺機能亢進症という病気になってしまったのかどうかはわかりません。ただ私の場合は、病気をして自宅にこもった時期があったことで、世間の目を気にしたり、他人と比較することがなくなり、自分にとって大切にすべきものが見えてきたことは確かです。

収入と容姿……。大人になって他人と自分を比較する材料はその2つがメインになるかと思いますが、私は20代半ばで無職。借金こそないとはいえ自分はすでに底辺の人間でしたので、周りと比較することが無意味な作業になったのです。

病気が少しずつ癒えてきたある日、ふと鏡を見て、健康であることが一番大切だし、洋服なんて、ただの無地のTシャツが普通に着られればそれでいいんだと思ったことがありました。そもそも、周りの人は他人の容姿や服装なんて、ほとんど気にしていないことに気づくことができたのです。

今は旅行会社に勤めていることもあり、世の中の人が求めている流行りを勉強することはあるのですが、プライベートにおいては流行や周りのことをまったく気にしなくなりました。むしろ、「流行りに乗るのはカッコ悪い。こだわらないことが唯一のこだわり」と思っております。

もちろん、流行を追いかける人生がいいとか、勝ち組がいいと言う人はたくさんいるわけで、その考えを否定するつもりはございません。どういう道を選ぼうと自由です。自由なのに、日本の場合は、「右へ倣え」とか「皆んなと同じ」「普通」ということを求められるため、息苦しさを感じてしまうのかもしれません。

米国には、「人と同じことをしないと恥ずかしい」という考え方が日本に比べてかなり薄く、個人の意見や、やりたいことが尊重され、極端なことを言えば、犯罪を起こさず、人様に迷惑をかけなければ何をしても自由な国です。

米国に来て驚いたのは、米国の人たちがまったく「人目を気にしない」ことでした。特に気候が温暖な西海岸の人たちは、仕事以外では基本的に一年中Tシャツ・短パン。不潔でなければOKで、人の目を全く気にしていません。

ニューヨークは、10月から5月までは厚手のコートが必要になるほど寒いので、一年中Tシャツ・短パンというわけにはいきませんが、若い人のスタイルはかなりラフ。日本の若者のようにおしゃれな格好はしていません。

実は私、毎日同じ服を着ています。

洗濯しないという意味ではなく、同じデザイン&色の服を何枚も持っていて、同じ洋服ばかり着ています。仕事で使うスーツはさすがに数着ありますが、清潔にさえしていればOK。他人から同じ服ばかり何度も着ている変な奴とか、お金がなくて新しい洋服を買えないとか思われても気にしません。

なんなら、お金がない人と周りから思われていたほうが気がラクです。

服装に限らず、「人目を気にしなくていい」ということは、「自分の価値観で生きていい」ということですから、とてもラクなことでストレスが半減します。

アメリカ人はよく「Take it easy」と言います。頑なに考えすぎず、気楽にやることで、無駄に消耗することがなくなるのではないでしょうか。荒波でも力を抜けば溺れないのですから。

同調圧力のない環境を選んで人間関係による消耗を減らす

日本では「働き方改革」が進んでいるそうですが、それでもまだ、「子どもが熱を出したので休みます」とか「親の介護で会社に遅れます」ということはなかなか言い出せないと聞きます。

私が新卒で入社した会社もそうでしたが、職場では先輩や上司に頼まれたことは、自分の仕事が忙しくても、用事があって早く帰りたくても、断れない雰囲気がありました。なかには、「手が空いていたらちょっとやってくれるかな」と、仕事にまったく関係ないことを頼む上司もおりました。

「私の仕事ではないので、できません」と断りたいところですが、「空気を読めよ」「長いものには巻かれろ」といった重苦しい空気が漂っているので、とてもではありませんが、言うことはできません。

同調圧力がものすごく強いので、残業も断れないし、有給もまともに取れない。こうした日本的な風土は、私にとってかなりストレスが溜まるものでした。

日本と米国のどちらの国が優れているということは思いませんが、個人を尊重する米国にはこうした同調圧力があまりございません。

現在籍を置いております会社は日系企業ですが、風土は米国風でして個々の意見や希望を言える雰囲気、かつ聞き入れてもらえる会社です。

自分の仕事ではないことや予定でないことを頼まれたときも、必要であればもちろん助け合います。ただし、不公平さや不満が感じるシチュエーションだった場合は年齢や序列関係なく、割とはっきりと不満を言い、「NO」と言います。

仕事のことに限らず、先輩や同僚の方々に食事に誘っていただいても、もし乗り気でなければ「行きません」とド直球で気兼ねなく断れます。

「ほかの予定がある」などと、誘った相手を傷つけないように適当な断る理由を考えたり、嘘をついて悪いなと罪悪感を持つ必要もありません。

ただ、私の場合は独身で普段良いものを食べておりませんので、食事に誘われたときは、余程気が乗らない場合以外は、息抜きも兼ねて「食べる」こと目当てにホイホイ参加しています（笑）。

居心地が良いと感じられる会社が見つかり、職場の上司・同僚とも上手くいっている私は、ただ運が良く、恵まれているだけなのかもしれません。

それは否定いたしません。仕事での人間関係を自分の好みで選ぶわけにはいきません。だからこそ、人間関係では多くの人が悩むわけです。

昔の自分がそうでした。人に優しく思われたいとか、嫌われたくないという思いが優先してしまい、周りからの目を気にして自分の意見を押し殺していましたし、はみ出したことをして孤独になってしまうことは恥ずかしいとも感じていました。

批判があることを覚悟で申し上げますが、「クラスメートだから仲良くしないといけません」とか、「同僚なのだから仲良くしないと」などに代表されるような〝キレイゴト教育〟を日本で先生&上司から受けて育ちましたので、そう考える人間に育ったのは当然です。

日本を離れて家族友人から半ば強制的に隔離され、距離的に孤独でいることに慣れてしまったこともあるかもしれませんが、米国に来て以降思うのは、自分の意見を述べて行動に移したことにより、周りから仲の良い人がいなくなって孤独になってしまうのは全然恥ずかしいことではないということです。

自分の意見が、もし他人にとって厳しいことだったり、否定的なことだったりしたら、それを口にするのは難しいことですが、その場凌ぎで妥協して馴れ合い的な行動や発言をしていると不満を抱えることになります。

私もまだまだですが、最近やっと他人に反対するようなことでも自分の意見を言えるようになってきました。

そういったときによく使う枕詞が、「批判いただくことを覚悟で申し上げます……」とか「○○さんと険悪になるかもしれませんが、それでもあえて申し上げます……」などでございます。

自分の意見が人の道に外れていたら勿論ダメですが、自分の意見ははっきり言ったほうがスッキリしますし、相手にも考え方を理解してもらえるので、逆に人間関係を上手く構築できていくことのほうが多かったように思います。

生きていくのはツラいこと でも今よりどん底を知っている

お陰様でたくさんの方にYouTubeの動画をご覧いただきまして、私のチャンネルは登録者数10万人に届きました。

最初に動画投稿を始めた時点ではまったく想像していなかった数字で、今でも信じられないほどです。

しかし、10万人を超えたからといって、次の目標があるわけではありません。ただ次の撮影をして、ちまちま編集して、アップロードするのみです。

登録者50万人目指す!とか、100万回再生される動画を生み出す!など意気込んで自分に期待したほうが良いのかもしれませんが、そんなことを考え始めるとキリがないのです。

将来を考えることや目標を持つことは大事なことなのでしょうが、私の場合はあまり考え過ぎると悪い結末を想像してしまって不安になったり、期待通りにならず落ち込んでしまうことが多いのです。

私が考えているのはせいぜい2～3週間先のことくらいで、不安の解消法はとりあえずやってみること、飛び込んでみること、動き出すことしかございません。

皆さんも、一見面倒な仕事や、気の進まない仕事があった場合、やってみるのを後回しにしていたけど、期限が迫ってきたので仕方がなくやってみたら、予想に反してハマってしまったという経験はないでしょうか。

私はYouTubeに30分程度の飛行機移動の様子をまとめた動画を投稿しておりますが、撮影が終わって編集前の段階で素材動画は6時間くらいあります。毎回その6時間の素材を見ると気が遠くなりまして、「編集するの面倒だな～」なんてことになります。

しかし、いざ編集を始めてみますと案外没頭してしまい10時間くらいぶっ通しでやってしまったりいたします。

別に編集作業が楽しいわけではないのですが、なぜだか没頭してしまっている不思議な感覚です。没頭している間は他のことを考えなくなるので、自然と不安や憂鬱な気分にならなくて済みます。

私は「生きていくのはツライこと」と考えておりますので、何かに没頭しているときと寝ているときは、ツライ思いをしないで済むので好ましい時間です。

将来のことは考えないほうが良いかもと考え始めたのは、病気したのがきっかけです。バセドウ病はときに抑うつに似た症状を起こしますので、何もやる気がなくなり、汚い話で恐縮ですが、入浴さえ面倒になったりします。

ところがバセドウ病が治り始めた頃、ふと「毎日風呂に入る」ことを始めたのです。そして、毎日入浴をするようになって数週間、入浴なんてめちゃくちゃ面倒な作業でしかないと思っていたのに、毎日身ぎれいにしたほうが気分が良いと思えたのです。

本当に単純な話なのですが、入浴を始めたことで、「案外良かった」→「とりあえず、何も考えずに目先のことをやってみる」という思考に変化しました。

毎日身ぎれいにし始めてからというもの、一つひとつ目先の物事を改善していくようになり、健康的な食事をしよう、運動を始めてみよう、英語を勉強してみよう、留学をしてみよう、インターンをしてみようと、一つひとつがつながっていきました。

どこに変われるチャンスがあるか、落ちているのか本当にわからないものです。「今を生きる」なんてカッコイイことは言えませんが、将来は今の積み重ねです。

なぜだかわかりませんが、私は直近のことだけに集中して一生懸命やっていると自然とその先が開けていったという実感があります。

もちろん、やってみたけど能力が足りずに上手くいかなかったこと、経済的にどうしても実現できなかったこと、ツラくて体力がもたなかったこともあると思います。身近なところで言うなら、英語力が足りず自分の伝えたいことを伝えられず好機を逃したなど、小さいことをあげ始めたら枚挙にいとまがありません。

そういうときに私は、病気して屋内にこもっていた暗澹たるときを思い出します。そして、あのときよりはマシな状況かな……と自分を慰め、次にやるべきことを見つけるようにしています。

Column 6

ギリギリ消耗しない5か条

1 人目を気にしない

周りの人は他人の容姿や服装なんて、ほとんど気にしていません。比較するのではなく、自分の価値観で生きていれば、息苦しさを感じたり無駄に消耗することがなくなります。

2 運に感謝する

〝自分は運が良い〟そう思うことで何事にも感謝でき、ポジティブになります。病気をしていたどん底時代と比べると、居場所があることに感謝しなければと思うようになりました。

3

目標を持たない

やる前に考えすぎてしまう方は、〝とりあえずやってみる〟ことで不安が軽減します。目の前のことに没頭してみると、自然と不安や憂鬱な気分がどこかに消えてしまうことってあると思います。

4

結果に期待しない

人間は期待していたものを下回る結果が現実として突きつけられると、ひどく落ち込むものでございます。高い理想や目標を設定せず、目の前のことを淡々と積み重ねるだけなのです。

5

健康が一番大切

健康を取り戻すことができたから、こうして活動できています。体は、食べ物と運動で作られます。自分で体をコントロールできるということは、意識しなくても自信につながっているようです。

おわりに

自分自身がYouTuberと言われる部類の人間になろうとは、コロナ禍前には夢にも思わなかったことでございます。そして、書籍まで出版してしまうとは……。

本書のなかで心理といいますかマインド的なことも書かせていただきましたが、私は日本では箸にも棒にも掛からず米国に来てしまったような人間でして、偉そうに講釈するようなところがありましたら、この場を借りてお詫び申し上げます。そういった考えの人間も世界の端にはいるんだな、くらいに流していただけますと幸いです。

普段暮らしているなかで意識していることを改めて整理して、いざ文字に起こして書籍にすることは私にとって難しいものでありました。日本語だろうが英語だろうが、自分の考えや思いを言葉や文字にするのが苦手なようで、執筆途中に己の言語化能力の足りなさに落ち込むことも多々ございました。

執筆の合間、並行してYouTubeへ動画投稿を続けておりましたが、いただいたコメントを拝読しますと、出版へ向けてとても励みになったのと同時に、「どうして世の中の人々はユーモアあるコメントが書けるのだろうか?」と感心していました。

実は、過去一部の動画内に登場している母も、コメントを読んでおります。ときどき電話がかかってきて、「あの動画に、こんなコメントがきていたね。視聴者さんはよくそんな面白いコメント思いついて書けるね～」なんていうことを言います。アカウント管理者の私よりよっぽど早くて細かくコメント欄をパトロールしており、母のことについてコメントが書かれていると、ひとりニヤついているそうです。

そして、電話の最後に聞かれる質問が二つあります。

まず一つ目は、「良い人できましたか？」と恋人の有無を聞いてきます。結婚だけが幸せの形ではないと言われる昨今ですが、親が子に対して思うことは世の中だいたい一緒でございます。画面越し動画内ではまだ真面《まとも》に見えているかもしれませんが、実際に会うと「無口でとっつきにくい変なおっさん」という印象を私は持たれてしまうようで、プライベートで全く浮ついた縁が出てこないのは悲しいところです。

二つ目が、「いつ帰ってくる？」です。本編でも書きましたが、米国で暮らすことに母は大反対ですので、これも毎回聞いてきます。今現在は米国で仕事するほうが性に合っているかと思いまして日本を離れて暮らしておりますが、なにせ将来のことを考えない性格ですので突然「帰国して日本で暮らそう」という考えになってもおかしくないかもしれません。とにもかくにも、プライベートでも仕事でも良い機会が目の前に訪れたとき、すぐ動いて摑みにいけるフットワークの軽い人間でありたいものでございます。

この本をお手にとっていただき、誠にありがとうございました。

２０２３年10月吉日　ＵＳ生活&旅行

US生活 & 旅行（ユーエスセイカツアンドリョコウ）
在米10年目のアラフォー駐在員。フロリダ州、ネバダ州、カリフォルニア州、ニューヨーク州を転々とし、コロナ禍でリストラを経験。失業時にYouTubeチャンネル「US生活&旅行」がブレイク。マイルを使って飛行機のファーストクラスに搭乗した様子の動画は280万回再生を突破（2023年10月時点）。
YouTube：@us_lifeandtravel

底《てい》辺《へん》駐《ちゅう》在《ざい》員《いん》がアメリカで学《まな》んだ
ギリギリ消《しょう》耗《もう》しない生《い》き方《かた》

2023年10月26日　初版発行
2023年11月25日　3版発行

著者／US生活《せいかつ》&旅行《りょこう》
発行者／山下 直久
発行／株式会社KADOKAWA
〒102-8177　東京都千代田区富士見2-13-3
電話　0570-002-301（ナビダイヤル）

印刷所／TOPPAN株式会社
製本所／TOPPAN株式会社

●お問い合わせ
https://www.kadokawa.co.jp/（「お問い合わせ」へお進みください）
※内容によっては、お答えできない場合があります。
※サポートは日本国内のみとさせていただきます。
※Japanese text only

定価はカバーに表示してあります。

ISBN 978-4-04-606442-4 C0095